SAGGI BLU

Tavola rotonda. Banchetto di Federico II di Prussia con Voltaire a Sanssouci. Copia da un dipinto di Adolph von Menzel (1850).

PIERO CAMPORESI

Il brodo indiano

Edonismo ed esotismo nel Settecento

GARZANTI

Prima edizione: gennaio 1990

ISBN 88-11-59817-6

IL BRODO INDIANO

La crisi della coscienza europea che Paul Hazard colloca fra il 1680 e il 1715 («anni rudi e densi, tutti pieni di lotte e di allarmi e colmi di pensiero»), anni che videro lo spostarsi dell'asse culturale dal centro-sud europeo al nord-ovest, dal Mediterraneo al mare del Nord, coincise anche con la crisi della mensa di tradizione tardo-rinascimentale e con la progressiva emarginazione dell'Italia dai centri propulsori di nuove forme di cultura. Per più di due secoli anche la grammatica della cucina europea si articolerà su paradigmi diversi da quelli della grande scuola romano-fiorentina: la luce della corte degli ultimi Luigi si diffonderà anche là dove antichi splendori avevano acceso i grandi fuochi delle raffinate corti rinascimentali italiane.

La Francia dei *conquérants*, dei bellicosi, collerici Galli, si diede ad esportare, insieme ai vangeli dei *nouveaux philosophes*, armate di cuochi e di parrucchieri, di sarti e di maestri di ballo, empirici divulgatori e interpreti sociali delle nuove tendenze della sua germogliante *civilisation*. La «scienza di saper vivere» e «certe delicatezze sociali, che i francesi conoscono così bene, noi italiani e massime nella parte meridionale d'Italia non le conosciamo»[1] si lamentava Pietro Verri con una punta di stucchevole provincialismo alla rovescia, fastidiosa allora come oggi.

Non poche cucine nobiliari caddero nelle mani di cuochi francigeni che imposero con altezzoso puntiglio le nuove leggi del codice transalpino. Giuseppe Parini li osservava con malcelato fastidio e ironizzava sulla pomposa messinscena che accompagnava le prodezze dei nuovi *maîtres*, i quali dalle «ime officine» attendevano a mettere a punto per i nobili palati «arduo solletico» che «molle i nervi scota / e varia seco voluttà conduca».[2]

7

In bianche spoglie
s'affrettano a compir la nobil opra
prodi ministri: e lor sue leggi detta
una gran mente, del paese uscita
ove Colbert e Richelieu fur chiari...
... O tu, sagace mastro
di lusinghe al palato, udrai fra poco
sonar le lodi tue dall'alta mensa.
Chi fia che ardisca di trovar pur macchia
nel tuo lavoro?[3]

Il «primo cuoco fatto venire a posta da Parigi», il «bravo primo offiziale francese di cucina» (come lo chiamava nelle *Lettere capricciose* il marchese-commediografo bolognese Francesco Albergati Capacelli), divenne un personaggio centrale, un riverito dignitario, responsabile manovratore del complesso ingranaggio della macchina dalla quale uscivano di ora in ora, nella lunga giornata dei nobili, amabili consolazioni per bocche svagate e difficili.

Non tutti però riconoscevano alla Francia il primato e la primogenitura nel dirozzamento dei costumi e nel raffinamento delle forme di vita. Un grande e squisito viaggiatore che era di casa a Parigi come a Berlino, a Pietroburgo come a Londra, il conte Francesco Algarotti, commensale a Potsdam di Federico II e di Voltaire, scrivendo nel 1752 a Carlo Innocenzo Frugoni, poeta all'ombra della corte parmense dei Borboni, gli faceva osservare che

nelle dilicatezze medesime della vita, dove e' sono altrettanti Petronj Arbitri, è forza che i Francesi ne salutino precettori. Montaigne in uno de' suoi Saggi parla di uno scalco del cardinal Caraffa, gran dottore nella scienza dei manicaretti delle salse e di ogni altro argomento, con cui risvegliare l'appetito il più difficile e il più erudito, e il quale ben sapea
      Quo gestu lepores, et quo gallina secetur.
E riferisce ancora in un altro luogo, che i Francesi al tempo suo andavano in Italia ad imparare il ballo, i bei modi, ogni maniera di gentilezza, come ci vengono ora gl'Inglesi per istudiare le opere del Palladio e le reliquie degli antichi edifizi. E ben si può dire, quando e' sparlan di noi, che il fanciullo batte la balia, per servirmi di una loro espressione.
    Fatto è, che dopo la comune barbarie di Europa gl'Italiani apriron gli occhi prima delle altre nazioni. Quando gli altri dormivan ancora, noi eravam desti.[4]

Il processo di modernizzazione avviato dall'Italia era stato così intenso che (debellata dai «lumi») la «barbarie» aveva reso irriconoscibile anche il nostro Paese. Ritornando sulla Penisola dal Regno delle Ombre «dopo ben quattro secoli»[5] d'assenza in compagnia d'Amore, Francesco Petrarca redivivo era rimasto turbato da tanto inimmaginabile e «strano sconvolgimento». Ogni cosa era cambiata dal tempo in cui «tutto era gotico allor, cioè tedesco».[6] Scendendo dal cielo in terra — la fantasia di Saverio Bettinelli raggiunge vertici grotteschi, imprevedibili e inattesi proprio nel «secolo delle cose»[7] e dell'abuso delle formule geometriche applicate anche ai misteri dell'aldilà, quando venivano «composti, se non predicati, dei sermoni per via di lemmi e teoremi giusta il metodo wolfiano»[8] — l'ombra di Petrarca era rimasta stupefatta dai «mirabili progressi»[9] che sfilavano davanti ai suoi occhi di sbalordito viaggiatore, catapultato dalla sua «rozza età» in un mondo irriconoscibile. «Il parlare, vestire, alloggiare, conversare, convivere, l'arti, le leggi, i costumi, il culto stesso», esclama il pur raffinato cantore di Laura, «quanto è diverso da quel d'un tempo!».[10] Guardandosi attorno egli scorgeva un paesaggio urbano aperto, dolce, aggraziato nel quale, invece di «castelli e torrioni», di «merli e bertesche» eretti da feroci «potenti» che vivevano rintanati nei loro manieri e «chiusi ed anzi sepolti anche nelle città», si alzavano snelli, eleganti «palagi ornati ad oro, a stucchi, a dipinture con porte ed atri marmorei, con ampie facciate e gran finestre a cristalli tagliate sino al pavimento a render più lucide le belle stanze in lunga fila ordinate».[11]

Lucide, luminose *suites* di stanze ariose dai soffitti dorati e dalle ampie, sinuose finestre. La nuova architettura civile, accogliente e serena, accentuava il distacco dal passato gotico irto di paure, di fantasime, di visioni tetre, di agguati cruenti, di «orrori». Le scale, soprattutto, sembravano affascinare Petrarca, le «magnifiche», morbide, aeree scale settecentesche tanto diverse da quelle «sì anguste e scure» che aveva conosciuto ai suoi giorni. E gli interni apparivano così accoglienti e leggiadri da strappargli gridi d'ammirazione.

E quai mobili, quai suppellettili di sedie ampie e soffici, di letti a strati e padiglioni, di pareti a bei drappi vestite, di vasellami, oh quanto ricchi e lucidi! Alcun detto di porcellana io temea sin di toccarlo. Tutto incanto pareami e sogno...[12]

Il lusso più raffinato si accompagnava a una inimitabile squisitezza nella moda:

> somma eleganza è pure nel lor vestito attillato alle membra sicché non paion coperte, il capo tutto polverizzato, e di feltri a tre lunghe punte e a comignol difeso, il collo a strettojo fasciato, succinti poi e sì lesti a poter ballare in ogn'istante, visibili essendo e disimpacciate le gambe col piè lindo, in fibbie lucidissime a fregi d'oro, e di fine pietre, onde già n'ornavam noi le mani.[13]

A tavola, nell'economia generale del pranzo, nello stile delle portate, nel gusto delle vivande i cambiamenti erano stati radicali. Le mense nobiliari (meno laute di quelle dei nuovi ricchi, resi tali da illeciti prelievi sui «dazi» dei principi, gente di «modi vituperevoli» al cui confronto i «pubblicani antichi» potevano sembrare severi «stoici»)[14] erano impreziosite non certo dal «tripudio plebeo», come nelle gozzoviglie basso-borghesi dei nuovi arricchiti senza «creanze», ma da «cibi squisitissimi e vini estranj, de' quali ognun teneasi avanti un catalogo a sceglierne quello che ne gli paresse il migliore». Scomparso era da quelle tavole il barbarico affastellamento, il caotico susseguirsi di gigantesche portate del pranzo medievale, «que' gran piatti de' miei dì», osservava Petrarca, «sopraccarichi di selvaggine, e pollami a piramide, o d'interi vitelli e capretti».[15] La pesante cortina delle spezie che avvolgeva con i suoi aromi densi e smemoranti il banchetto medievale si era dissolta nel nulla, dileguata insieme alle acque rosate dei lavacri preprandiali.

> Nulla poi odora più omai di spezierie allor sì rare, e tanto a noi grate per ogni vivanda, né torte immense, o pasticci foggiati a torreggiar sulla mensa si veggono, o a schizzar acqua di rosa o di gelsomino. Poca vivanda oggi, ma in molte portate, ed in preziose salse estratti e sughi sostanziosissimi. Sol parvemi nuovo, che in tanto lusso, le mani prima non si lavassero.[16]

Lavarsi le mani prima del pranzo sarebbe stato un «confessar d'esser lordo», spiega Amore a Petrarca nei *Dialoghi*, «di che neppur dee sospettarsi in persone sì dal capo al piede eleganti».[17] La nuova eleganza, il lusso morbido e squisito, la sinuosa moda dell'attillato, studiata — si direbbe — per esaltare la leggerezza dei movimenti e la snellezza dei corpi, richiedevano un nuovo stile alimentare, un diverso statuto culinario.

Poca vivanda, ma in molte portate: una sfumata tastiera di gusti orchestrata sulla varietà e sul giuoco dei sapori incrociati e accostati ma non amalgamati, una nervosa, agile sintassi di cucina lontana da quella antica nella quale l'abbondanza massiccia e greve schiacciava il morbido e sensibile palato sotto una pesante cascata di «torte immense» e di torreggianti pasticci. Scomparse le patriarcali portate dove la selvaggina e le carni di pesanti e robusti quadrupedi sfilavano in grasse processioni per poi scivolare dagli enormi vassoi nei larghi, accoglienti taglieri e nei capaci piatti dei commensali, le moderne forme del discorso culinario si articolavano in un *défilé* di vasellame minuto, aereo e fragile su cui «preziose salse», «estratti e sughi sostanziosi», consommé e brodi ristretti, culì e gelatine (lo spirito della carne prelevato dall'alchimia dei cuochi ai volgari, rosseggianti brandelli di ignobile bestiame) assolvevano i fini *mangeurs* dall'obbligo triviale di mordere, strappare, masticare, favorendo delicati colloqui e frizzanti conversazioni.

Sulle tavole settecentesche domina una inedita *ratio convivalis*, un ordine geometrico e una ragione matematica: la molteplicità dei piatti sottintende la leggerezza delle sostanze; e la varietà dei sapori viene prefigurata dallo svariare dei colori. L'occhio, detronizzando il naso, favorisce ed esalta la policromia della sfilata, il minuetto delle tazzine, il ballo delle vivande. Policromia e miniaturizzazione si fondono nel concerto ben temperato del pranzo come in una elegante frase musicale. Su tutto domina l'apparecchio generale, l'*ordine* e la disciplina armonica che presiedono al meditato passaggio dei piatti, anzi alla *promenade* screziata, visivamente appetibile, approntata per il difficile piacere della vista. L'occhio diventa la punta acuminata del gusto più sottile, il sensibile congegno deputato alla misura, alla valutazione morfologica fatta a distanza: l'occhio, il meno confidenziale e il meno abbandonato dei sensi, il gelido, impassibile regista al quale niente sfugge mentre scivola scostante e distaccato sulle superfici colorate senza esplorare l'*intérieur*, senza annusare o toccare l'anima nascosta delle sostanze.

Già s'avanza la mensa. In mille guise
e di mille sapor, di color mille
la variata eredità degli avi
scherza ne' piatti; e giust'ordine serba.[18]

Il «secolo purgato», il «secolo delle cose e della universal coltura»[19] che Francesco Algarotti aveva arricchito inventando per le dame italiane «un novello genere di piacere» trapiantando dalla Francia «la moda di coltivar la mente, più tosto che una novella foggia dello arricciare i capelli»,[20] insieme ai «gotici rancidumi», alle «parole antiche e rancide»,[21] all'esoterismo magico, all'animismo prescientifico e alla cultura delle scuole, aveva relegato fra le anticaglie polverose e dannose il disordine e la confusa, pletorica abbondanza delle tavole, non solo medievali, ma rinascimentali e barocche. Anche nei cibi la matematica dello spirito, la «dottrina delle misure e l'infallibile scienza delle numeriche quantità» aveva imposto una rotazione di molti gradi, una vera e propria inversione di rotta. La tavola stava diventando la camera di condensazione delle nuove frontiere mentali, la scacchiera su cui si giuocava la partita della riconversione della natura umana alle regole della ragione e della scienza. «Il gusto non si potrebbe egli definire», si chiedeva Algarotti nei *Pensieri diversi*, «il risultato della dottrina delle proporzioni nella geometria dello spirito?».[22]

Questa «geometria dello spirito» era tuttavia più spesso teorizzata che vissuta e praticata, e non pochi *philosophes*, quando si sedevano a tavola, dimenticavano la «dottrina delle proporzioni» e si abbandonavano a prescientifici eccessi, a *plantureuses ripailles* degne di quei secoli rozzi e bui, di quegli antichi regimi alimentari oscurantisti e superstiziosamente devianti, deleteri e micidiali per l'*esprit* che, alacre e leggero, aveva irriso le barbariche usanze e i deplorevoli costumi della greve e gotica società medievale. Ricordando da Napoli i venerdì parigini l'abate Ferdinando Galiani, che pur continuava a rispettare le vigilie a differenza degli altri illuministi, riandava con nostalgia a quelle sue indigestioni di pesce che gli procurava il suo solido appetito. «Si annuncia che è in tavola. Usciamo, gli altri mangiano di grasso, io mangio di magro, mangio molto di quel merluzzo verde di Scozia, che mi piace tanto, e mi procuro un'indigestione mentre sto ammirando l'abilità dell'abate Morellet nel tagliare una pollanca. Ci si alza da tavola, siamo al caffè e tutti parlano contemporaneamente».[23]

Le indigestioni accompagnavano quasi regolarmente i pasti degli illuminati, anche quelli di «quel raro spirito di monsieur de Voltaire» che pur riusciva a rendere straordinaria e indimenticabile una serata. «Una cena senza di lui», ricordava il conte Algarotti che lo ebbe spesso compagno alla tavola di Federico il Grande di cui era ciambellano, «sembrava essere quasi un anello senza gemma».

A Sans-Souci, alle «cene del Re», i «pensieri gli spruzzano di bocca vivi e frizzanti, come da' corpi elettrici per eccesso e stuzzicati escon faville e fiocchi di luce».[24] Erano cene non solo per spiriti forti, ma anche per appetiti robusti e ventri voraci, nemici di astinenze e di digiuni, ostili a regolate discipline di mensa, adatte a gente di limitata «virtù».

La troppo grande virtù ci vorrebbe a queste tavole. Ti sono quasi sempre messi innanzi — raccontava Algarotti, ospite di Federico, a Francesco Maria Zanotti nel 1750 — dei cattivi piatti, cioè di quegli che fanno che tu mangi, quando tu non hai appetito.
Hélas! Les indigestions
Sont pour la bonne compagnie.
Vorrei vedere a simili prove messer Luigi Cornaro con tutto quanto il suo trattato della vita sobria...[25]

Da Potsdam alle «Delizie» ginevrine il programma dietetico rimaneva sostanzialmente (e pericolosamente) invariato. Il patriarca di Ferney, «più spirito che corpo»,[26] magrissimo, «con un gran berrettone di velluto nero sugli occhi sotto al quale una parrucca ben folta, che serravagli il volto, onde spuntavan fuori il naso e il mento più acuti assai che non son nei ritratti; il corpo impellicciato da cima a fondo»,[27] si purgava regolarmente prima di mettersi a tavola per poter mangiare senza pericolo d'indigestioni.

Pranzammo in buona compagnia — ricorda Saverio Bettinelli che andò a visitarlo a Ferney quando l'autore di *Candide* era già ultrasessantenne — e vidi il suo metodo di prendere un buon cucchiaio di conserva di cassia prima di porsi a sedere e a mangiar bene come fece. Dopo il pranzo diceami: «Ho troppo mangiato, non vivrò lungo tempo per godere della nuova mia casa [a Ornex, fatta costruire "pour", era solito dire, "aller digérer d'un endroit à l'autre"]; ma bisogna godere, son goloso. Orazio l'era; ognun cerca il suo piacere. *Il faut berner l'enfant jusqu'à ce qu'il s'endorme.*»
Voi vedete ch'era del gregge d'Orazio e d'Epicuro, come in altro era Diogene; ed ora facea da Socrate, or d'Aristippo. Prendea poi molto caffè dopo gustate le bottiglie.[28]

13

Il suo medico personale, il celebre Tronchin al quale Voltaire aveva affidato la «vita e la sanità»,[29] «non era contento del suo malato».[30] Questo medico alla moda, «bell'uomo e grazioso», conteso da tutte le «convulsionarie» che arrivavano a Ginevra anche da Parigi per farsi visitare da lui (la zarina Caterina lo aveva invitato con un principesco contratto ad abbandonare la piccola repubblica calvinista sul Lemano per il palazzo di Pietroburgo), proponeva alle sue pazienti — tutte dame del bel mondo dai nervi particolarmente sensibili e dalla matrice molto delicata, sofferenti della malattia a quei tempi più diffusa nel cosmo femminile, la crisi convulsionaria — una «cura galante»: «ogni mattina in cavalcate belle amazzoni, pranzi e cene dilicate secondo il metodo prescritto, tavolieri di giuoco e più di galanteria, musica che intramezzava, infine divertimenti continui lontan dai mariti e dalla corte...».[31] Anche Thomas Sydenham, l'«Ippocrate inglese», consigliava alle pazienti che presentavano la stessa sindrome la lettura del Don Chisciotte e l'equitazione perché «il cavallo è la china degli ipocondriaci».[32]

Consigliato e assistito da un simile medico anche un malato difficile come Voltaire riuscì a raggiungere senza gravi intoppi gli ottantaquattr'anni. Moderato piacere, controllata voluttà, oculata moderazione, disimpegno galante, diete leggiadre.

Se il grande Tronchin al quale la Zarina aveva offerto «60 mila franchi all'anno, tavola per molti, carrozza, casa e un regalo al partirsi se voleva andare alla sua corte per tre anni»,[33] prescriveva giuochi, musiche, cavalcate accompagnate da «pranzi e cene dilicate»[34] per le belle dame soggette alle turbolenze e ai deliqui della vita facile, i seduttori libertini a loro volta erano soliti offrire all'amante «una cena deliziosa ed eccellente, anche se sobria e moderata nella quantità».[35] Soltanto i visionari eliogabaleschi alla De Sade potevano sognare immoderate cene estranee al buon gusto settecentesco, carnose ammucchiate ed eccentrici *simplegma* straripanti di eccedenti portate.

Furono dapprima serviti una minestra di pesce, frutti di mare, e venti piatti di antipasti. Venti altri ne presero il posto e furono presto conditi da venti portate raffinatissime, composte unicamente di petto di pollo e cacciagione cucinata in ogni sorta di modo. Venne poi una portata di arrosto in cui c'era quanto di più raro si può immaginare. Poi pasticceria fredda, che cedette presto il posto a ventisei dolci di ogni figura e forma. Dopo avere sparecchiato, quel che era stato tolto fu subito sostituito da un contorno completo di pasticcerie zuccherate, fredde e calde. Venne infine il dessert, che offrì un prodigioso numero di frutta, malgrado la stagione, poi i gelati, la cioccolata, e i liquori che furono sorbiti a tavola. Quanto ai vini, erano stati sempre cambiati a ogni portata: alla prima il borgogna, alla seconda e alla terza due diverse specie di vino d'Italia, alla quarta il vino del Reno, alla quinta vini del Rodano, alla sesta champagne spumante e vini greci di due specie con due differenti portate.[36]

Difficilmente però un gentiluomo di qualità (seppur posseduto da demoni satireschi) avrebbe approvato un menu come quello immaginato dal gusto pervertito del nobile prigioniero della Bastiglia che nelle sue crisi sessual-diabetiche sognava *outrances* inammissibili non solo per ogni *honnête homme* di educato palato ma anche per i professionisti del libertinaggio. Per un vero signore la depravazione del gusto non si separava mai dalla licenza dei costumi: uno stufato abominevole e un amore vergognoso erano la stessa cosa, appartenendo entrambi ad un unico, nefando principio di corruzione. Anche la corte pullulava di «esprits désoccupés, oisifs», di «parleurs infatigables et très fatigants», d'«insipides railleurs»:[37] tutti «hommes de mauvais goût, d'un goût singulier, bizarre, dépravé dans leurs amours, dans leurs ragoûts».[38]

NOTE

1 *Carteggio di Pietro e di Alessandro Verri dal 1766 al 1797*, a cura di E. Greppi e di A. Giulini, Milano, Cogliati, 1928, vol. VI, p. 1.
2 Giuseppe Parini, *Il Mezzogiorno*, vv. 205 sgg.
3 *Ibid.*, vv. 209-24.
4 Francesco Algarotti, *Lettere varie*, parte I, in *Opere del conte Algarotti edizione novissima*, Venezia, Carlo Palese, 1794, t. IX, pp. 236-37.
5 Saverio Bettinelli, *Dialoghi d'Amore*, parte II, in *Opere edite e inedite in prosa ed in versi dell'abate S.B.*, II ed., Venezia, Adolfo Cesare, 1799, t. VI, p. 165.
6 *Ibid.*, p. 166.
7 F. Algarotti, *Lettere varie*, in *Opere*, cit., t. IX, p. 19.
8 *Ibid.*, p. 142.
9 S. Bettinelli, *Dialoghi d'Amore*, cit., p. 166.
10 *Ibid.*
11 *Ibid.*, pp. 166-67.
12 *Ibid.*, p. 167.
13 *Ibid.*, p. 169.
14 *Ibid.*, p. 168.
15 *Ibid.*

16 *Ibid.*, pp. 168-69.
17 *Ibid.*, p. 169.
18 G. Parini, *Il Mezzogiorno*, vv. 383-86.
19 F. Algarotti, *Lettere varie*, t. ix, cit., p. 19.
20 *Ibid.*, p. 18.
21 *Ibid.*, p. 17.
22 F. Algarotti, *Pensieri diversi*, in *Opere*, Venezia, Palese, 1792, t. vii, p. 57.
23 Ferdinando Galiani, *Dialogo sulle donne e altri scritti*, a cura di C. Cases, Milano, Feltrinelli, 1957, p. 27.
24 F. Algarotti, *Lettere varie*, in *Opere*, cit., t. ix, p. 187.
25 *Ibid.*, p. 164.
26 S. Bettinelli, *Lettere a Lesbia Cidonia sopra gli epigrammi*, in *Opere edite e inedite*, cit., t. xxi, p. 32.
27 *Ibid.*, p. 25.
28 *Ibid.*, p. 39.
29 *Ibid.*, p. 40.
30 *Ibid.*
31 *Ibid.*, p. 40.
32 F. Algarotti, *Lettere varie*, cit., t. ix, p. 163.
33 S. Bettinelli, *Lettere a Lesbia Cidonia*, cit., p. 41.
34 *Ibid.*, p. 40.
35 Anonimo, *La Cauchoise o Memorie di una celebre cortigiana*, in *Romanzi erotici del '700 francese*, traduzione di A. Calzolari, prefazione di M. Le Cannu, Milano, Mondadori, 1988, p. 290.
36 François de Sade, *Les 120 journées de Sodome ou l'École du libertinage*, trad. it. *Le centoventi giornate di Sodoma*, edizione integrale a cura di G. Nicoletti, Milano, Sonzogno, 1986, pp. 93-94.
37 [Jean-Baptiste Drouet de Maupertuy], *Les avantures d'Euphormion, histoire satyrique*, Amsterdam, Janssons à Waesberge, 1712, t. ii, pp. 8-9. Si tratta del rifacimento settecentesco francese dell'omonima opera dello scozzese John Barclay, uscita nel 1605.
38 *Ibid.*, p. 10.

Osservava Charles Louis de Secondat barone di la Brède e di Montesquieu che «spesso il marito cominciava la giornata nel punto in cui la moglie la terminava».[1] La società settecentesca e in particolare la donna «illuminata» avevano sconfitto la lunga tirannia delle tenebre. La «terribil ombra» evocata da Giuseppe Parini della notte *d'autrefois*, «l'aere orribilmente tacito ed opaco», risplendeva di «gran luce e d'oro». Il «notturno concilio» nell'«aula superba» rifulgeva alla luce di «cento faci e cento». Le «inimiche tenebre» riconsacrate dai «geni, / che trionfanti nella notte scorrono», fuggivano davanti alla «nova luce» rifugiandosi nel seno delle cupe campagne. Negli «spazi fortunati» del «gran palazzo», tutto «è strepito e luce».

Stupefatta la notte intorno vedesi
riverberar più che dinanzi al sole
auree cornici, e di cristalli e spegli
pareti adorne, e vesti varie, e bianchi
omeri e braccia, e pupillette mobili...
(Parini, *La Notte*, vv. 48-52)

La seduzione muliebre aveva trovato nella notte illuminata da sfavillanti lampadari le ore più adatte per esprimere il suo magico potere. «Le belle donne», osservava Pietro Verri, «amano più di comparire di notte, anzi che colla luce del giorno. Di giorno il gran corpo della luce parte da un canto solo, tutte le prominenze del volto, tutte le cavità ricevono un'ombra, la quale rende marcati i tratti. Una sala da ballo signorilmente illuminata invece riceve la luce da tutte le parti in un colpo stesso; tutta la figura è uniformemente rischiarata e quasi sempre lucente».[2]

La «vittoria sulla notte» (F. Braudel), che aveva avuto come protagonista quella che l'abate Roberti chiamava «donna-lampada», aveva rinnovato i ritmi vitali, sconvolto il tradizio-

17

nale scorrere delle ore, modificato profondamente l'«emploi du temps», scardinato inveterate costumanze, debellato arcaici, superstiziosi timori. Una felpata, silenziosa rivoluzione stava inabissando il vecchio ordine. Un avversario impalpabile e invisibile, ma non per questo meno coriaceo e insidioso, era stato (e per sempre) battuto e rimosso: il «sentimento della notte» (le «sentiment de la nuit» di cui parlava Montesquieu nell'*Essai sur le goût*),[3] che sconfinava nell'idea sinistra del non esistente, del tempo negativo, inerte e funereo, il tempo dell'assenza dell'anima, del vuoto incubatore della morte. La caduta del tabù della notte, la sostituzione del tempo di cultura a quello di natura, la presa di potere dell'artificiale sul naturale avevano segnato una profonda *coupure* nella rete dei condizionamenti intessuta silenziosamente dai secoli e dai millenni.

Il «tempo di notte» aveva perduto il livido alone delle ore sinistre care alle streghe e ai negromanti, l'orrore delle apparizioni spettrali e dei «rumori» degli spiriti ritornanti. Alla luce sfavillante delle *soirées* galanti era naufragata anche la pur saggia interdizione della vecchia medicina sugli effetti deleteri dell'«andar di notte», del viaggio notturno perturbatore dell'ordine della natura e insidiatore di quello morale.

Ancora vi guarderete d'andar di notte — aveva ammonito, fra le tante, la voce di monsignor Sabba Castiglione alla metà del Cinquecento — se non per necessità estrema, prima per gli scandali, inconvenienti e pericoli che di continuo ne seguono; l'altro, per le varie e diverse infirmità, le quali dall'aere notturno si sogliono generare ne i corpi umani, con ricordarvi che 'l giorno fu fatto per travagliare e la notte per riposare; e certo è che l'andar di notte senza bisogno, altro non è che un perturbare l'ordine della natura...[4]

Il vivere «ozioso e molle»[5] del «secolo disordinato», i costumi corrotti del «secolo effeminato»,[6] visti dall'occhio dei conservatori cattolici della seconda metà del Settecento appaiono come la negazione del vecchio ordine civile, il trionfo della dissolutezza, della licenziosità, della depravazione. Il delirio del «secolo forsennato» che, «gonfio d'una vana scienza», pretendeva di «portare i lumi e la felicità sulla terra».[7] La «dissipazione dei pensieri, la morbidezza delle delizie... dove tutto è inezie e bagatelle, e gale e vezzi, e ozio e vaneggiamento»,[8] avevano trovato nella notte il tempo migliore per far dimenticare le equilibrate scansioni del giorno e i doveri della vita cristiana illuminata dal sole della fede e non dai falsi bagliori dell'ateismo, del deismo, del pirronismo, dell'atomismo che riducendo l'uomo a «un po' di polvere assai sottile veementemente agitata» e il pensiero a un casuale agglomerato di sostanza polverizzata che poteva apparire «triangolare o quadrato... duro o molle»[9] era arrivato a proclamare gli uomini altro non essere che «macchine, le quali si muovono come orivoli».[10] Nel seno della notte illuminata erano nati i «sofismi putridi»[11] dei *philosophes*, dei cattivi maestri franco-olandesi, dei «tracotanti libertini»,[12] dei «liberi pensatori», parti mostruosi dell'«oracolo de' libertini», dell'«empio Spinoza»,[13] dei perfidi esaltatori dei «brutali appetiti»,[14] di coloro che esortavano compiaciuti la gente ad «abbandonarsi senza freno e misura in braccio ad ogni scelleratezza», a «farsi servi di vino, di letti e di vivande», a «calpestar ogni diritto e ogni legge», a «fiutar quai levrieri su ogni prato un tozzo sporchissimo e vilissimo di godimento».[15] Anche nelle città e fra la gente rimasta fondamentalmente legata alla tradizione cattolica e al vecchio ordine «le notturne vigilie si allungan così e si protraggono tanto, che ristorare poi debbonsi con riposi a ore tardissime continuati. Il fatto è che si sorge quindi di letto quando è già presso che del tutto finita la celebrazione dei divini misteri. Il fatto è che innanellati che sieno i capelli, lustrata la fronte, serenati gli occhi, dipinte le guance, distribuiti i vezzi, spiegati i nastri, tutto rabbellito il portamento, se non è l'ora quando s'imbandisca la mensa, è però l'ora quando omai tutte si chiudon le chiese».[16]

Il «reo costume moderno» non era penetrato soltanto nelle «cospicue famiglie» e negli «ordini nobili e signorili», perché «popolani», «artieri», tutto il «popolo scioperato»[17] affollavano le bettole delle città, specialmente nei giorni di festa, e si attardavano a «profanarne le notti stesse ora in lunghi teatri, ora in continuate crapole, ora in altre eccessive dissolutezze».[18] Il cattivo, anzi perverso uso delle ore era il segno più evidente dell'«iscompiglio»,[19] morale e sociale; il ribaltamento del tempo il segnale più chiaro dell'inversione dei valori:

O possente moda indegna,
che sconvolge di natura

19

l'ordin tutto, dove regna,
che ragione e fede oscura![20]

Ragione oscurata, illuminata da riverberi satanici, deprava-
ta follia mascherata contrabbandiera di tendenze immorali e
dissolute. Motore, ispiratrice e agente attivissimo del disordine,
la donna:

> Questo genere di vita
> sanità disperde e ammazza;
> pur da tutti vien gradita,
> e la notte sol si sguazza:
> e le donne specialmente
> vegliar notti son contente.
>
> Restin pur giallastre e brutte
> per l'infetta aria notturna:
> ben sapran le nostre putte
> comparire a luce diurna
> bianche il viso, e rosso il labbro
> con la biacca e col cinabro.[21]

Vivissima era negli ambienti religiosi e fra gli intellettuali
cattolici la certezza che la società fosse arrivata ad una svolta
cruciale, che il «secolo del lusso»[22] camminasse veloce verso una
rottura con le tradizioni, i princìpi, i costumi del passato, che
fosse ormai arrivato il tempo di un cambiamento radicale, di
un ribaltamento senza precedenti. Il mondo rovesciato stava
sopraggiungendo. La «strana metamorfosi» stava cambiando
l'immagine dell'uomo.

Io trovo che il secol nostro... non è altro che una inversione, un rovescio de' secoli che ci precedettero: mercecché all'austera ruvidezza
si è sostituita a' dì nostri una seducente cultura; alla sanguinosa fero-
cia una molle effeminatezza; ed alla ignorante credulità, una filosofi-
ca miscredenza... Questo cambiamento di scena, questo rovescio di
comparse non conta che un'epoca di pochi lustri — ricordava il carmelitano Pier Luigi Grossi, 1741-1812 — e noi stessi per la più parte
ne fummo attoniti ammiratori. Passeggiano ancora con passo geometrico le nostre contrade certi avanzi d'antichità, i quali negli abiti e
nel tratto superstiziosi ostentatori della rusticità de' lor tempi, tutto
giorno inveiscono importunamente accigliati e severi contro il leggiadro vestir d'oggidì e contro la malìa seducente delle ringentilite nostre
maniere. Non accade inpertanto ch'io spenda più oltre parole e tempo a garantirvi la strana metamorfosi che s'è veduta a' dì nostri nella
civil società...[23]

La «strana metamorfosi» dell'«infausto secolo»[24] era sotto gli occhi di tutti: le «moderne depravazioni» del «raffinato odierno buon gusto»,[25] la «dominante soverchia cultura degli abiti e delle maniere», la «eccedente cultura... e questo smodato e lussureggiante pompeggiar delle vesti», le «vesti incantatrici degli occhi e maliarde de' cuori» delle donne «vane e pompose» e degli «uomini stessi a donnesca pompa abbigliati», l'«attillatura», le «maglie attillate», la «turpe nudità»[26] e la «grandiosità del vestire», avevano seppellito ogni vestigio di «cristiana moderazione».

La «molle effeminatezza»,[27] la «interminabile serie de' donneschi fregi moderni», la «più lasciva impudenza», le «tante iterate visite notturne», la «libertà e la licenza del conversar dissoluto», la «moderna leziosa effeminatezza», il «fascino delle blandenti maniere», la incantevole «vivacità di spirito» femminile, «certe offiziosità spasimate e cascanti di vezzi che tutto dì si ricambiano tra persone di sesso diverso», le «dolci attrattive», le «graziose attenzioni» che «si alternano nelle civili brigate», le «caricate languidezze», gli «struggimenti e i sospiri» che «fomentano il pericoloso commercio delle mondane amicizie», le «ingorde brame di un cuore voluttuoso»,[28] la «dominante disinvoltura, che meglio licenza o libertinaggio direbbesi»[29] facevano guardare con simpatia e rimpianto la gelosia, pur «detestabile passione».[30]

Non poche persone, attaccate alla tradizione, avevano visto, stupite, «cangiarsi improvvisamente la scena».[31] Il «rimescolarsi» e la «confusione di sessi»[32] sembravano aver capovolto perfino le classiche immagini della virilità e della femminilità. Perduta ogni modestia, le donne avevano allungato e alleggerito la loro figura. Agli occhi del redivivo Petrarca esse

troppo alzar poi ed increspar le chiome polverizzandole ad esser tutte d'un sol colore, con fior, frondi, erbe, e piume, e veli, e nastri, e bende senza fine, e con pinger le guance, vibrar l'occhio, alzar la voce, pareami farle uomini, come questi per vestir gaio e lezioso farsi donne... Niente più della libertà sorpresemi delle mogli sino ad aver elleno un vicemarito sempre a lato volendol per legge i mariti, che gran fallo terrebbono star presso a lor donne.[33]

Era spuntata una nuova generazione di donne-fiori, aeree, leggere, sciolte come giunchi, mobili come notturne farfalle ma dalla voce ferma e sicura. La leggerezza era nell'aria.

Anche la moda maschile sembrava adottare il gusto femminile

poiché somma eleganza è pure nel lor vestito attillato alle membra sicché non paion coperte, il capo tutto polverizzato, e di feltri a tre lunghe punte e a comignol difeso, il collo a strettoio fasciato, succinti poi e sì lesti a poter ballare in ogn'istante, visibili essendo e disimpacciate le gambe col piè lindo, in fibbie lucidissime a fregi d'oro e di fine pietre.[34]

I nuovi rituali però erano stati accettati ovunque dalla società colta, ricca, aristocratica. Alla vigilia della rivoluzione francese esce a Bologna, con l'autorevolissimo avallo del prestigioso Istituto delle Scienze, *La Toletta*, un elegante libretto per nozze scritto, come era tradizione, a più mani (alcune delle quali molto note ed autorevoli), un vero inno collettivo agli elaborati cerimoniali di costruzione dell'idolo muliebre e al variegato, occhieggiante giuoco del passaggio della nuova Venere nei sinuosi percorsi di una giornata «moderna». Dalle prime ore in «abito da toletta», alle letture, ai «lumi», alle «visite». Il «déshabillé» ne esalta la bellezza riposta, ne svela le più amabili nudità.

> Oh come esprimer tutte
> Le vezzosette membra,
> E disegnarle sembra
> La gonnelletta appien!
>
> Come non tutti asconde
> A' guardi altrui furtivi
> I caldi avori, e vivi
> Del palpitante sen!
>
> E come parte scopre
> De la distesa e bella
> Nevosa gamba snella
> Col breve piè gentil!
>
> Col piè, che pur vestito
> D'azzurre sete, avanza
> Ne la volubil danza
> Il messaggier d'April.[35]

Tutti gli strumenti e i «topoi» della bellezza galante settecentesca trovano in questa corale «toletta» i loro gentili cantori: il

22

«pregio degli abbigliamenti», il «gabinetto», il «déshabillé», naturalmente, «il pettine», «lo specchio», «il tupè e i ricci», «le forcelle», «la manteca», «la polvere di Cipro», «la cuffia e i veli», «le piume», «i nastri», «i nei», «i profumi», «la cioccolata», «i libri», «le visite», «i lumi», «il buon gusto».

Era «cangiata la faccia del mondo civile»: «rintuzzata la barbarie de' passati secoli»[36] da una «soave catena di mutui offizi... dalla seducente cultura nelle vesti e nel tratto».[37] Ma la volubile moda e il «genio del commercio» avevano spostato le rotte e deviato i traffici, mentre l'anglomania e la francomania, aperta la strada a futili, dispendiose importazioni, avevano impoverito e quasi messo in ginocchio le vecchie, gloriose manifatture degli antichi Stati italiani. L'economia veneziana era ormai boccheggiante:

L'arti nostre, Signor, rapinne anch'esse
Degli esteri la mano, cui l'amore
Fa del lucro più destra. Lo scarlatto
Pieno il color, morbido il filo, e denso
Fabbrican ora oltramontane spole;
E fornace straniera or tempra e cuoce
Quel di Murano un dì nobil fattura,
Caro alle Grazie e a Cloe, lucido arnese,
Delle tolette onor...[38]

La «toletta» femminile nei cui cristalli si specchiavano con morbosa assiduità i volti delle donne «di garbo» era divenuta il magico feticcio della società, scopertasi galante anche nelle moltitudini cittadine. Uomini compresi. D'oltre Manica arrivava «il bel ventaglio inglese» ultimo grido che proponeva storie di paladini anziché i soliti paesaggi cinesi («quivi non vedi già pinti a Pechino / da barbaro pennel draghi e pagode»).[39] Ventagli che in mano alle dame, nel variato ritmo da cui erano mossi, diventavano a loro volta specchi delle mutevoli e variate «passioni» di chi li impugnava: «dal solo vedere un ventaglio in mano a una dama ben disciplinata, mi do vanto», scriveva Magalotti a Tommaso Bonaventuri il 10 aprile 1710, «di saper subito, senza vederla in viso, se ella ride, se ella arrossisce, se ella fa il muso. Io ho talora veduto ventagli così inveleniti, che io tremava di quel che fosse potuto seguire de' galanti, che gli avevano provocati, se per disgrazia si fossero abbattuti a venir loro sottovento. E all'incontro, ho talora veduto ventilazioni così languide e spasimose, che per amor della dama mi brillava il cuore, che il galante ne fosse lontano, quanto bisognava per non si svenire. Tanto penso che basti per prova, che il ventaglio è un senno, o una civetta secondo il temperamento della padrona».[40]

D'oltre Alpi, dalla Francia si rovesciavano fiumane di passamaneria, di chincaglieria, di modisteria.

Col fangoso corrier giunse l'altr'ieri
Quella, di cui tanto aspettar s'è fatto,
La bella di Parigi alma fantoccia,
Che d'ogni villa feo levare a stormo
«Donne gentili devote d'amore».
Tu le vedresti a lei dinanzi in frotta
L'andrienne, la cuffia, le nastriere,
L'immenso guardinfante e parte a parte
Notomizzare, e sino addentro e sotto
Spinger gli avidi sguardi al gonnellino.
Una assai lunga manica in quest'anno
Parte del braccio invidiosa asconde;
Ma novella *mitene* asconder l'altra
Non osa già, che trasparente e nera
Il soggetto candor vela ed accresce.[41]

Dall'Olanda giungevano alle tavole dei nobili sulle quali i «vini stranieri / nati per nobile sete» spumavano nei bicchieri, finissime tele:

... su le mense
i sottilissimi
lini biancheggiano,
che gli olandesi
nocchieri arditi
su l'onde recano
pe i gran conviti.[42]

L'esterofilia delle classi agiate s'alleava con l'«impudenza dei filosofi economisti» i quali sostenevano che «le donne galanti e che corron dietro alle mode, sono assai più utili alla società che non sono le donne limosiniere e cristiane».[43]

Che male vi sarebb'egli — faceva notare Francesco Albergati Capacelli, un pur tiepido ammiratore delle nuove tendenze — se su que' vostri capelli, che tenete negligentemente rannodati con un nastro, si vedesse per esempio piantata una semplice bensì, ma elegante cuffia *à la baigneuse, à la laitière*, o *à la voltaire*? In che resterebb'egli pregiudicato il vostro decoro, se lasciaste che vi ondeggiasser sul collo due graziose buccole alla *barry*, se portaste un *fisciù* tagliato e cucito da una di quelle molte belle ragazze, che lavorano i *fisciù* nella bottega di madama Nanette [Madama Nanette, cuffiara francese assai rinomata in Milano, la quale sta di bottega in faccia alla contrada de' Rastelli]; e se in vece di que' cordoni, con cui vi veggio legate le scarpe, aveste un decente paio di eterne fibbie all'*artois*?[44]

I «grandi» da parte loro ostentavano

un fastidio universale di tutte le manifatture nazionali, benché esatte, benché ingegnose, benché felici, ed una capricciosa vaghezza, anzi una spasimata brama di sfiorare da tutti i climi ancor più rimoti attraverso d'alpi e di mari quanto v'ha di curioso e di splendido in ogni genere di abbigliatura».[45]

Le donne, a loro volta, «atteggiate a sfarzosa gala», gemevano «sotto il peso di mitre immani, di torreggianti cimieri, di guardinfanti, di smaniglie e di nastri, e sì cariche di ricchi fregi, che il reale Profeta le assomiglierebbe al più culto, ornato tempio: *filiae eorum compositae, circumornatae, ut similitudo templi*»,[46] stregate dalla «suppellettile delle grazie per la toletta e le cangianti acconciature de' crini, e i vari profumi, ed i cinabri e le miniature del volto, e le multiformi guarnigioni degli abiti e dei trapunti, e cent'altre gentili inezie componenti e quel minuto arsenale di stucchi, di ciondoli, di spilletti, di aghi, e quella portatile merceria di gioielli, di cappellini, di pennacchi, di veli, di merlature, di fasce e di coserelle infinite, che son di moda».[47]

Il candido stupore e l'indignazione (non priva d'un alto grado di minuta competenza) del carmelitano Pier Luigi Grossi sembravano non ricordare più che «la donna non pone tanto studio nel vestirsi, se non perché l'uomo viemeglio desideri di vederla spogliata».[48] E se perfino un «impudentissimo cinico fu a confessare costretto, essere il pudore il colorito della virtù»,[49] la «libidine di novità» che aveva contagiato negli ultimi decenni del Settecento la pia Italia, aveva fatto dimenticare che il pudore era una «essenziale virtù cristiana, ed il suo opposto un abbominevol delitto».[50] Una vertigine di cose nuove sommoveva i già ordinati costumi e le solide virtù del popolo cattolico. Libertinismo, giacobinismo, miscredenza, irreligiosità, spirito di eguaglianza, dispregio delle autorità. Da Parma, la città forse più francesizzante d'Italia all'ombra dei borbonici gigli, il vescovo Adeodato Turchi (1724-1803) nella sua omelia recitata il giorno d'Ognissanti del 1794 individuava nell'«amore vizioso di novità» l'agente segreto corruttore del costume e devastatore d'un Paese minacciato dalla decristianizzazione, danzante sull'orlo di «un abisso di perdizione».

Noi piangiamo a' dì nostri un ammasso di delitti e di orrori che sembrano affatto nuovi e che forse nessun secolo non vide mai. Ma qual secolo più del nostro fu mai tanto agitato dal furore di novità? Nuova maniera di pensare, nuova maniera di conversare, nuova maniera di agire. Furon piccole novità che aprirono da principio questa tragica scena. Nuovi sistemi che per questo solo piacevano, perché erano nuovi. Nuovi vocaboli che diminuivano l'orror del vizio e la stima della virtù. I nostri maggiori non sapevan vivere: tutto ciò ch'era vecchio fu chiamato un abuso: si fece credere ai semplici ed ai libertini che per esser felici bisognava sostituire leggi nuove, nuovi costumi, nuove massime alle leggi, ai costumi ed alle massime antiche. Lo spirito di novità divenne un furore. Si cambiò il solido col leggiero, l'onesto col turpe, l'utile col pernicioso...[51]

A questo perverso e furioso amore di novità si alleava la più irresistibile incostanza che gonfiava l'«eccesso della spesa»[52] con la mutazione continua delle «volubilissime mode» e con la «volubilità del lusso sontuoso» irridente le «mode degli avi», «duri ed alpestri» (Parini), dispregiatore dei «secoli trapassati». Volubilità e irrazionalità, *rêverie* inconcludente e *raison* arrogante. Irragionevole la allarmante passione per le piccole futili cose, per i finti, illusori bisogni. Irrazionale il «fastidio universale di tutte le manifatture nazionali», incomprensibile la incontrollabile «passion grande» per le «bagatelle piccole», per gli «oggetti frivoli e leggieri», stupefacente la voglia capricciosa e bizzarra di «centomila inezie graziose». Inconcludenti bamboleggiamenti, puerili infatuazioni accompagnavano la «mollezza accidiosa» e l'«eccesso della delicatezza». Il «raffinamento» degli agi della vita era l'obbiettivo delle «culte» nazioni gareggianti «nell'innalzare un sì fatto raffinamento alla dignità di gusto di criterio di scienza». Lo «spirito di delicatezza» aveva sviluppato fra i ceti superiori un «fino e nobile epicureismo», perfino «onesto e decente» se confrontato coi piaceri tumultuosi e disordinati dei nuovi ricchi incolti e grossolani. Ma era troppo facile passare «dalla delicatezza alla voluttà, dalla morbidezza alla corruzione, dalla sensibilità alla sensualità».

È forza confessare che questa carne di peccato carezzata troppo dal cibo dal vino dal sonno dall'armonia dalla fragranza, riesce prepotente e prevale sulla ragione. Ah quanto mai ingiusti — esclamava l'ex gesuita conte-abate Roberti, che valutava con molto equilibrio i processi di trasformazione dei suoi anni — certi calcoli ingiuriosi alla libertà e alla grazia.[53]

La corsa verso i consumi frivoli, la ricerca del piacere nell'abbondanza dei beni materiali (il «consumismo» sfrenato dei nostri giorni), in quello che allora si chiamava la «suppellettile della vita» inseguendo la quale ogni gentiluomo aspirava a divenire un «ingegnoso per essere poi un delizioso», avevano varcato le frontiere della nobiltà e dell'alta borghesia per diffondersi fra la gente qualunque contaminando le persone d'oscura origine e di bassa condizione. L'edonismo di massa faceva allora le sue prime apparizioni. Perfino l'aria delle città era cambiata.

Certa cosa è che, almeno entro alle città, una non so qual mollezza accidiosa, la qual intramette l'ozio lungo al travaglio breve, ne' fondachi s'insinua e nelle officine non senza detrimento dell'arti e non senza lamento de' cittadini. Il popolo con una stessa voce dimanda pane e spettacoli; e pare che esiga per suo diritto il teatro, il passeggio, il convito, il giuoco, la danza, l'assemblea. Ogni città vuol avere il vanto di essere una terra di gioiose donne e di sollazzosi uomini. *Terra suaviter viventium.*[54]

Sia nella «qualità della vita», sia nel modo di vestirsi ognuno voleva «valicare i confini segnati dalla nascita e dal grado».

La vita civile oggi ha de' pesi importabili e delle decenze tiranniche, che per gli abiti appunto mal si discerne il cittadin dal patrizio, l'artigianello famelico dal mercatante opulento, la donnicciuola ignobile dalla illustre matrona: che le molteplici condizioni, anzi i due sessi cospirano a soverchiarsi nello splendor delle vesti, e che finalmente nei drappi, nei ricami, nei panni, nelle guarnigion, nelle stoffe l'ambizione, il puntiglio, la gara ha sormontato ogni limite.[55]

La «scienza di saper vivere» che soltanto pochi in passato

avevano conosciuto e praticato, le delicatezze che molti fra i «maggiori» (gli antenati) avevano ignorato, erano ormai alla portata di molta gente che, nel rimescolamento universale degli «stati» e dei ceti, era riuscita ad arricchirsi.

La villeggiatura non era più privilegio di pochi eletti, la buona tavola non era più monopolio di grandi aristocratici. Stava nascendo una nuova, terza cucina, parallela alle due antiche e classiche, quella popolare e quella nobiliare. Prendeva sempre più consistenza la cucina del ceto medio (quel ceto medio di «avvocati, mercanti e scribi» che Vittorio Alfieri chiamava con disprezzo il «ceto de' più brutti», «non medio ceto, no, ma Sesqui-plebe») e della piccola borghesia artigianale, diversa dalle mense illuminate, delicate e raffinate degli intellettuali d'alta estrazione e da quelle signorili. Sulle colline bolognesi

Quando accostasi l'estate
Si riempiono le ville
D'allegrissime brigate
A passar l'ore tranquille
O de' colli ameni in vetta,
O nel pian d'una valletta.

Né già sol dai benestanti
O signori in villa vassi.
Àn casino i negozianti,
E gli artier più vili e bassi:
Lo ha il sartore, ed il barbiere,
Il ferraio e il rigattiere.

Quivi in lieta compagnia
Si va a stare almen la festa:
Né si guarda a economia,
E a sfoggiare ognun s'appresta
Tutti invitan commensali,
E si sguazza, si fan sciali.

Per la tavola i bocconi
Si ricercan più squisiti.
Quaglie, tortore, piccioni,
E li fichi saporiti
Col salame o mortadella,
Fritto, lesso, ragù, offella.

Qualche volta un buon pasticcio
Di gnochetti, o tortelini

Vi si aggiugne: e se il capriccio
Della moglie il vuol, v'ha vini
Forastieri d'ogni genere,
Fin dall'Isola di Venere.

A portate s'imbandisce
Dell'artier la lauta mensa:
E Madama s'invanisce,
E le grazie sue dispensa:
E perdonino: *La dis*:
Ch'i z'an colt'a l'improvis.

V'è la torta, e nel deserre
Li canditi e li confetti
V'ha li fiori d'un parterre.
E li frutti li più eletti:
E si vuole o il marzolino
O la forma o lo stracchino.

Dopo tavola il caffè,
E rosoli bianchi e neri:
E la figlia col tuppè
Tien la tazza dei bicchieri,
E la mamma intanto versa
Acqua turca, od acqua persa.[56]

NOTE

1 Charles-Louis de Montesquieu, *Riflessioni e pensieri inediti (1716-1755)*, Torino, Einaudi, 1943, p. 234.

2 Pietro Verri, *Discorso sull'indole del piacere e del dolore*, in *Del piacere e del dolore ed altri scritti di filosofia ed economia*, a cura di R. De Felice, Milano, Feltrinelli, 1964, p. 44.

3 *Encyclopédie ou dictionnaire raisonné des sciences, des arts et des métiers*, vol. III, p. 762.

4 *Ricordi overo ammaestramenti di Monsig. Sabba Castiglione cavalier gerosolimitano*, Venezia, Michele Bonelli, 1574, c. 25r. Prima ed. Venezia 1554.

5 Cristoforo Muzani, ex gesuita, *Costume di vivere inutile e ozioso*, in *Quaresimale di celebri moderni autori italiani*, II ed., Venezia, Tip. Curti, 1822, vol. I, p. 155.

6 *Ibid.*, p. 167.

7 Giovanni Piva, *Carattere del secolo XVIII*, in *Quaresimale di celebri moderni autori italiani*, cit., vol. II, p. 68.

8 C. Muzani, *Costume di vivere inutile e ozioso*, cit., p. 164.

9 Antonino Valsecchi, O.P., *Spiriti forti del secolo*, in *Quaresimale di celebri moderni autori italiani*, cit., vol. I, p. 137.

10 *Ibid.*, p. 138.
11 *Ibid.*, p. 147.
12 *Ibid.*, p. 136.
13 *Ibid.*, p. 143.
14 *Ibid.*, p. 145.
15 *Ibid.*, p. 146.
16 C. Muzani, *Costume di vivere inutile e ozioso*, cit., pp. 161-62.
17 *Ibid.*, p. 163.
18 *Ibid.*
19 Ergasto Acrivio, *Le notti alla moda*, in *Satirette morali e piacevoli*, Foligno, per il Tomassini Stamp. vesc., 1794, p. 71. Sotto lo pseudonimo di E.A. si celava il padre cappuccino Francesco Maria da Bologna.
20 *Ibid.*, p. 74.
21 *Ibid.*
22 Giovambatista Roberti, *Lusso*, in *Quaresimale di celebri moderni autori italiani*, cit., vol. III, p. 153.
23 Pier Luigi Grossi, *Dei peccati del secolo XVIII*, in *Quaresimale di celebri moderni autori italiani*, cit., vol. I, pp. 94-96.
24 G. Piva, *Carattere del secolo XVIII*, cit., vol. II, p. 67.
25 P.L. Grossi, *Dei peccati del secolo XVIII*, cit., p. 95. Anche le citazioni che seguono sono tolte dalla stessa predica.
26 Francesco Franceschini, *Libero vestire delle donne*, in *Quaresimale di celebri moderni autori italiani*, cit., vol. IV, p. 168.
27 P.L. Grossi, *Dei peccati del secolo XVIII*, cit., p. 95. Anche le citazioni che seguono sono tolte dalla stessa predica.
28 Pier Maria da Pederoba, *Fine dell'uomo*, in *Quaresimale di celebri moderni autori italiani*, cit., vol. II, p. 196.
29 Vincenzo Giorgi, *Matrimonio*, in *Quaresimale di celebri moderni autori italiani*, vol. IV, p. 90.
30 *Ibid.*, p. 89.
31 *Ibid.*, p. 90.
32 S. Bettinelli, *Dialoghi d'Amore*, in *Opere edite e inedite in prosa ed in versi dell'abate S.B.*, cit., t. VI, p. 170.
33 *Ibid.*, pp. 170-71.
34 *Ibid.*, p. 169.
35 *La Toletta*, in Bologna, nell'Istituto delle Scienze, 1788, p. XIX. I versi sono dell'abate roveretano Clementino Vannetti.
36 P.L. Grossi, *Dei peccati del secolo XVIII*, in *Quaresimale di celebri moderni autori italiani*, cit., vol. I, p. 104.
37 *Ibid.*
38 F. Algarotti, *Epistole in versi*, in *Opere*, cit., t. I, p. 59. «A S.E. il Signor Alessandro Zeno Procuratore di s. Marco. Sopra il commercio».
39 F. Algarotti, *Epistole in versi*, «A Fillide», in *Opere*, cit., t. I, p. 20.
40 *Lettere familiari del conte Lorenzo Magalotti e di altri insigni uomini a lui scritte*, Firenze, Cambiagi, 1769, II, p. 190.
41 F. Algarotti, *Epistole in versi*, «A Fillide», cit., pp. 19-20.
42 Antonmaria Perotti, fra gli Arcadi Egimo Afroditico (frate carmelitano della Congregazione di Mantova), *Gli imenei festeggiati nella deliziosa, e magnificentissima villa detta il Castellazzo*, in *Rime per le felicissime nozze del Signor Conte Don Galeazzo Arconati Visconti colla Signora Contessa Donna Innocenzia Casati*, Milano, Francesco Agnelli, 1744, p. 124. Anche la breve citazione sulla «nobile sete» è tolta dallo stesso epitalamio, a p. 126.
43 Adeodato Turchi, vescovo di Parma e conte, *Omelia intorno all'influenza*

delle vesti su la morale cristiana. Diretta al suo popolo nel giorno di Tutt'i Santi l'anno 1800, in *Nova raccolta delle omelie e indulti di A.T,,* Parma 1800, Rimini, G. Marsoner, 1800, p. 17.

44 *Lettere capricciose di Francesco Albergati Capacelli e di Francesco Zacchiroli dai medesimi capricciosamente stampate,* in *Opere drammatiche complete e scelte prose di Francesco Albergati Capacelli,* Bologna, Emidio Dall'Olmo, 1827, p. 303. La prima edizione delle *Lettere capricciose* è la veneziana del 1780 (Pasquali). La nota fra parentesi quadra è di Albergati.

45 P.L. Grossi, *Dei peccati del secolo XVIII,* cit., p. 97.

46 *Ibid.*

47 *Ibid.,* p. 102.

48 F. Algarotti, *Pensieri diversi,* in *Opere,* cit., t. VII, p. 57.

49 A. Turchi, *Omelia... recitata nel giorno di Tutt'i Santi dell'anno 1794 sopra l'amore di novità,* Rimini, G. Marsoner, s.a., p. 8.

50 *Ibid.*

51 *Ibid.,* pp. 9-10.

52 G. Roberti, *Lusso,* cit., p. 156. Anche le citazioni che seguono sono prese dalla medesima predica.

53 *Ibid.,* p. 155.

54 *Ibid.,* p. 153.

55 P.L. Grossi, *Dei peccati del secolo XVIII,* cit., p. 97.

56 Ergasto Acrivio, *Le villeggiature,* in *Satirette morali e piacevoli,* cit., pp. 37-39.

«L'epoca della vita mollemente pigra, che si usa oggidì» — notava un acuto osservatore delle mutazioni del gusto e delle trasformazioni della società civile settecentesca — aveva preso l'avvio quando era «venuta in Italia la effeminatezza fra l'asprezza delle spade e l'ozio fra il furor de' cannoni cogli eserciti forestieri».[1] L'autore di queste considerazioni, il conte-gesuita Giovan Battista Roberti (1719-1786), smaliziato osservatore dei nuovi costumi ed attento analista della società in movimento, sapeva perfettamente che l'egemonia culturale e l'internazionalismo culinario francesi erano strettamente legati all'espansionismo militare e alla politica dinastica dei Borboni, oltre che alla vivacità spregiudicata dei salotti intellettuali parigini. La Francia esportava cannoni e idee: con le sue baionette, là dove penetrava l'*Armée* ed oltre, arrivavano libri e cuochi, *philosophes* e *chefs de cuisine*. Anche i trattati di cucina francesi sottolineavano nei loro titoli il protagonismo personalizzato e l'inconfondibile orgoglio nazionalistico della nuova invasione gallica: *Il cuoco reale e cittadino* del Massialot (1691, prima traduzione italiana 1741), *Il cuoco francese* di François Pierre, Sieur de La Varenne (1651, prima traduzione italiana, Bologna 1693), i più conosciuti in Italia, mettono in vetrina non solo «l'arte di ben cucinare», ma l'artista al servizio del re, il servizio nazional-culinario, il mattatore-spadaccino che infilza fagiani e pernici sulla lama dello spiedo, il manipolatore-inventore (dopo la rivoluzione e la presa di potere del burro) di felici combinazioni di salse nuove, di nuove «munizioni di bocca»: è il nuovo *cuisinier* che incede a petto alto, anzi *le cuisinier français*, cuoco (cuisinier), ma pur sempre francese, anzi orgogliosamente francese, come «le Sieur de la Varenne, Escuyer de cuisine de Monsieur le Marquis d'Uxelles». *Escuyer de cuisine*, non un cuoco qualunque legato alla schiavitù dei fornelli, alla tradizione corporativa degli anonimi maestri di pur nobili fornelli, orgoglioso scudiero per il quale le guerre culinarie contro cervi e cinghiali rappresentano un piacevole diversivo alle campagne militari della gloriosa cavalleria feudale dei *conquérants*, degli altezzosi e furiosi signori della guerra della più potente e bellicosa *armée* d'Europa. Non è un caso che *Le cuisinier français* preveda tutta una lunga serie di «entrées qui se peuvent faire dans les Armées ou à la campagne». *Entrée en guerre / entrée de table*, inizio della mischia, del corpo a corpo culinario. E l'entrée è infatti la prima portata dopo l'antipasto o il potage (oggi quasi scomparso dalla tavola d'Oltralpe).

«Le charbon nous tue», aveva esclamato un giorno l'eroico Carême, «mais qu'importe! Avice! moins d'années et plus de gloire».[2] E per la patria e la gloria culinaria «les enfants» e le «brigades» di cucina, guidate da invincibili cuochi, si battevano con slancio e furore epici: «la pâtisserie est fort difficile à travailler et fort dangereuse», era solito dire un altro «maître» storico, Laguipierre, «en conséquence la profession est honorable! c'est un combat continuel».[3]

Il banchetto equivaleva a una battaglia dall'incerto esito: era necessario che il cuoco, come un agguerrito stratega, disponesse di buone riserve per ridurre al minimo i rischi. Per questo bisognava tenere sempre presente «ce principe éternel, qu'il en est d'une fête gastronomique comme d'une armée, ou ne sait jamais au juste ce que l'on aura sur les bras: il faut avoir de splendides réserves!».[4]

A «maître» Vatel, poiché erano venute meno le riserve (un mancato, tempestivo arrivo di pesce fresco o, secondo un'altra versione, a causa di un arrosto mal riuscito) non era rimasto altro che il suicidio per lavare col sangue l'onta della *débâcle* conviviale. La «fête gastronomique» per certi virtuosi cuochi gallici poteva finire in un sanguinoso karakiri. L'esempio di Vatel, «homme du devoir et de l'étiquette»,[5] rimase fortunatamente un nobile caso isolato. E il suo talento vanamente sprecato (che l'incontentabile marchese De Cussy si permetteva peraltro di mettere in dubbio) rinacque ancora più grande. La grande tradizione continuò e raggiunse altezze strepitose. Dopo gli ultimi, cupi anni dell'interminabile regno di Luigi xiv, epoca di grande «décor de la table» e di cucina curata e sontuosa ma priva di «sensualisme épicurien»,[6] dopo il tramonto del Re

Sole, il primato francese divenne ineguagliabile. «C'est le seul pays du monde», affermerà più di un secolo dopo con impareggiabile modestia Antoinin Carême maestro indiscusso dell'età napoleonica e della Restaurazione, «pour la bonne chère».[7] Il giusto orgoglio di caposcuola non gli impediva tuttavia di scrivere qualche saggia riflessione sul suo difficile e faticoso mestiere mettendo in rilievo lo stretto rapporto fra l'arte di ingannare la gola (confondendo il sano appetito dello stomaco con quello insidioso e perfido del palato) e le astuzie della diplomazia.

Non solo «le diplomate est fin appréciateur d'un bon dîner», affermava in uno dei suoi *Aphorismes, pensées et maximes*, ma «l'art culinaire sert d'escorte à la diplomatie européenne».[8] Non inutilmente «l'architetto pasticciere» aveva prestato servizio in casa del principe Charles-Maurice de Talleyrand, maestro ineguagliabile di scienza della sopravvivenza ad ogni costo e in qualsiasi circostanza.

Sarà un caso, ma è sicuramente assodato che la grande stagione dell'alta cucina francese era incominciata al tempo dei lavori per il trattato di Utrecht perfezionandosi alle tavole dei plenipotenziari. Fu anche l'*âge d'or* della pasticceria. Carême, che apparve anche a lady Morgan «homme *bien élevé*», abile nel disegno e sperimentatore delle scuole culinarie europee, non aveva dubbi su questa datazione. Il grande riformatore neoclassico della scienza delle proporzioni applicata ai sapori aveva appreso i princìpi architettonici sui classici italiani — Vignola, Palladio, Scamozzi — ed era umilmente andato in pellegrinaggio a Vienna, a Varsavia, a Pietroburgo, a Londra, a Roma, a Napoli e persino in Svizzera per imparare i segreti del mestiere. Forse esagerava quando scriveva che «esistono cinque arti belle: la pittura, la poesia, la musica, la scultura e l'architettura, la cui branca principale è la pasticceria». Tuttavia sapeva benissimo che la pasticceria francese si era raffinata nelle cucine dei plenipotenziari che avevano negoziato la fine della guerra di successione spagnola.

Les pâtissiers faisaient alors les délices de la cour du plus galant des rois, et jouaient un rôle dans la société. On y remarquait leur bonne tenue: ils se répandirent aussi en Europe dès que la diplomatie devint une science consentie, après les haltes des batailles.[9]

Ma furono soprattutto gli anni della Reggenza (1715-1723),

vissuti sotto la «douce autorité du bon régent... à l'éclat de ses petits soupers»,[10] che fecero prendere il volo alla cucina di Francia: «c'est aux cuisiniers qu'il [Filippo d'Orléans] fit naître, qu'il paya et traita si royalement et si poliment, que les Français durent l'exquise cuisine du dix-huitième siècle».[11] Più che una fioritura, fu uno scoppio, un'esplosione imprevedibile di raffinatezza combinata alla gioia di vivere e al piacere sottile della conversazione scintillante. Questa scienza dei sapori diede una verve straordinaria alla cultura del secolo e fornì un propellente ineguagliabile alle idee spumeggianti di filosofi e dame intellettuali.

Cette cuisine, tout à la fois savante et simple, que nous possédons perfectionnée, fut un développement immense, rapide et inesperé. Tout le siècle, ou plutôt toute sa partie delicate et spirituelle, fut séduite par elle. Loin d'arrêter ou d'obscurcir l'intelligence, cette cuisine pleine de verve l'éveilla: toute affaire sérieuse et féconde fut discutée et faite à table. La conversation française, ce modèle qui fit lire partout nos bons livres, trouva sa perfection à table, dans quelques soirées charmantes.[12]

«La tavola», osservava Montesquieu, «contribuisce non poco a darci quell'allegria che, unita a una certa modesta dimestichezza, viene chiamata *civiltà*. Noi evitiamo i due estremi in cui cadono le nazioni del Mezzogiorno e del Settentrione: mangiamo spesso in compagnia, e non beviamo troppo».[13] Questo compiacimento sulla civiltà che nasce a tavola sarebbe apparso inopportuno a Giacomo Leopardi μονοφάγος per vocazione e per principio.

Noi — annotava nel suo *Zibaldone* in una afosa giornata del luglio 1826 mentre si trovava in una città famosa per la piacevolezza della vita e l'amabile convivialità dei suoi abitanti —, abbiamo dismesso l'uso naturalissimo e allegrissimo della compotazione e parliamo mangiando. Ora io non posso mettermi nella testa che quell'unica ora del giorno in cui si ha la bocca impedita, in cui gli organi esteriori della favella hanno un'altra occupazione (occupazione interessantissima, e la quale importa moltissimo che sia fatta bene, perché dalla buona digestione dipende in massima parte il ben essere, il buono stato corporale, e quindi anche mentale e morale dell'uomo, e la digestione non può esser buona se non è ben cominciata nella bocca, secondo il noto proverbio o aforismo medico), abbia da esser quell'ora appunto in cui più che mai si debba favellare; giacché molti si trovano, che dando allo studio o al ritiro per qualunque causa tutto il resto del giorno, non conversano che a tavola, e sarebbero *bien fachés* di trovarsi soli e di tacere in quell'ora. Ma io che ho a cuore la buona digestione, non credo di essere *inumano* se in quell'ora voglio parlare meno che mai, e se però pranzo solo. Tanto più che voglio potere smaltire il mio cibo in bocca secondo il mio bisogno, e non secondo quello degli altri, che spesso divorano, e non fanno altro che imboccare e ingoiare. Del che se il loro stomaco si contenta, non segue che il mio se ne debba contentare, come pur bisognerebbe, mangiando in compagnia, per non fare aspettare, e per osservar la *bienséance* che gli antichi non credo curassero troppo in questo caso; altra ragione per cui essi facevano molto bene a mangiare in compagnia, come io credo fare ottimamente a mangiar da me.

È una opinione non solo storicamente documentata (preceduta da una precisa distinzione fra la «comessazione» e «compotazione» in uso fra gli antichi greci e romani, quest'ultima «usata da loro dopo il mangiare, come oggi dagl'inglesi, e accompagnata al più da uno spilluzzicare di qualche poco di cibo per destar la voglia del bere») ma anche molto rispettabile per la sua impeccabile logica e per lo stile dell'argomentazione. Molto più articolata e felice di certe riflessioni di Montesquieu che, quando parla di tavola, non evita né banalità né contraddizioni. «La cena», pensava l'impareggiabile autore delle *Lettres persanes*, «uccide mezza Parigi; il pranzo ne uccide l'altra metà».[14] Ma poi subito aggiungeva che «i pranzi sono innocenti; le cene sono quasi sempre criminose».[15]

Il colto barone venuto dall'Ovest esagerava perché Parigi era «la capitale de la sensualité la plus distinguée» e al tempo stesso «de la gloutonnerie la plus dégoûtante», così come poteva essere contemporaneamente la capitale «du bon goût et du mauvais, de la cherté et des prix moderés».[16] Riteneva però Montesquieu che il suo Paese fosse la terra ideale per avere il più felice rapporto con la «bonne chère» perché «è bello», scriveva, «vivere in Francia: i cibi sono migliori che nei paesi freddi, e vi si ha più appetito che nei paesi caldi».[17] Tuttavia approvava senza condizioni (e giustamente) chi sosteneva che «la medicina cambia con la cucina».[18]

I Franzesi sono di palato difficile: ma Gian-Jacopo Rousseau ha ragione di dire nell'*Emilio*: «I Franzesi credono di saper essi soli mangiare; ed io credo che sieno essi soli i quali non sappiano mangiare»; perché agli altri basta per mangiar bene avere buon cibo e buon appetito, ma ai Franzesi è necessario ancora buon cuoco. Un giovine gran signore italiano — ricordava maliziosamente il conte Roberti sempre ironico verso il «lezioso francese» — il quale viveva francescamente in tutto, si doleva un giorno meco, ch'era senza il suo cuoco francese, il qual soleva condur seco ancora viaggiando: «Io l'assicuro», mi disse, «che non posso mangiare neppure un pollastro lessato, se non è cotto da lui o da un professore simile a lui». O disgrazie di tali signori! Io mangerei non che un pollastro, ma un cappone, sebben fosse cotto dalla castalda. Ai tempi di Augusto i cuochi pregiati erano Siciliani: oggi questi uomini importanti, questi chimici dimestici sì pregiati debbono essere Franzesi o almeno Piemontesi. Eppure (chi il crederebbe?) ancora l'arte della cucina è ita in Francia dall'Italia sotto Arrigo II, quando tanti Italiani accompagnarono la Reina Caterina de' Medici. Ma i Franzesi che ciò non posson negare, potrebbon rispondere colle parole di Tito Livio (lib. xxxix): «Vix tamen illa quae tunc conspiciebantur, semina erant futurae luxuriae». Ora essi regnano nella scienza de' sapori da Settentrione a Mezzodì.[19]

Se il cuoco, dunque, non è francese, cuoco non è. Soltanto se questi «chimici domestici», questi signori della «scienza dei sapori» sono discendenti di Vercingetorige si può parlare di arte della cucina. Francesi, «o almeno Piemontesi». È per questo motivo che il primo libro di cucina che, dopo un secolo di silenzio, riappare sulla scena italica (la prima edizione dell'*Arte di ben cucinare* di Bartolomeo Stefani sembra essere stata quella uscita nel 1662) è *Il cuoco piemontese perfezionato a Parigi* (Torino 1766), un'opera che apre il vivace e fortunato capitolo franco-piemontese nel libro della cucina nazionale. Probabilmente dello stesso anonimo autore è *Il confetturiere di buon gusto* (Torino 1790) che mette in vetrina tutte le delicatezze della pasticceria subalpina (pasta di Torino, pasta savoiarda alla provenzale, pasta di Savoia alla piemontese, biscottini di Savoia, biscottini savoiardi alla provenzale...). La tradizione continuerà nell'Ottocento con *Il cuoco piemontese*, Milano 1815; il *Cuoco milanese e la cuciniera piemontese*, Milano 1859; e il *Trattato di cucina pasticceria moderna credenza e relativa confetturia* (Torino 1854) di Giovanni Vialardi, aiuto capo cuoco e pasticciere di Carlo Alberto e di Vittorio Emanuele II. Un capitolo subalpino-risorgimentale, un po' marginale, nella storia della cucina italiana, periferico come il Regno di Sardegna, non molto conosciuto, che soltanto ora, dopo la smagliante mostra delle porcellane e delle argenterie dei Savoia s'incomincia finalmente a visitare alla luce di più sottili e raffinate conoscenze demolitrici dello stereotipo dei remontanari e dei grossolani duchi valligiani. Le raffinatezze architettoniche del Settecento sabaudo avevano signorili proiezioni anche nella elaborata squisitezza della tavola e soprattutto della credenza e della pasticceria: delizie ben note all'Italia signorile settecentesca e alla nobiltà non subalpina che vedevano in quella di Torino «una corte arbitra per noi», è il conte-gesuita G.B. Roberti che parla, «di molte eleganze, da cui scendono non meno i buoni cuochi che i bravi parrucchieri».[20]

Il lungo periodo di latenza e di silenzio della trattatistica culinaria italiana è indicativo di una protratta, critica transizione che accompagna e sottolinea le mutazioni della società. La tavola italiana (quella ovviamente degli ambienti aristocratici e alto-borghesi) entra in un periodo di riflessione, di ripensamento, di trasformazione. La vecchia, gloriosa trattatistica rinascimentale e barocca non risponde più alla nuova domanda di misurato ed equilibrato piacere. La cucina monumentale delle corti e quella sontuosa, massiccia, fastosa, opprimente e velatamente funerea delle mense signorili, nobiliari, cardinalizie della vecchia società non soddisfa più il nuovo gusto, il bisogno di «semplicità elegante»:[21] il «lusso squisito e solenne» del secolo XVII, la «prodigalità sconsigliata», l'«abbondosa liberalità» della «maniera vecchia» (sono tutte espressioni di G.B. Roberti)[22] devono ora fare i conti con un nuovo, misurato «gusto dell'eleganza».[23] Il secolo XVIII si misura continuamente col XVII e anche per lo stile di cucina (come per quello letterario) si apre un serrato tempo di riflessione, un critico processo di revisione e di distacco dal passato. La «querelle des anciens et des modernes» si trasferisce dallo scrittoio alla tavola. Lo spirito d'Arcadia, passando dal *boudoir* della dama «molle», s'insinua nelle mense del signore «morbidissimo e dilicato», della femmina «affettatissima e deliziosa».

NOTE

1 Giovambatista Roberti, *Lettera sopra il canto de' pesci*, in *Raccolta di varie operette del padre G.R. della Compagnia di Gesù*, Bologna, Lelio dalla Volpe Impressore dell'Instituto delle Scienze, 1767, t. II, p. XIII.
2 Cit. da De Cussy, *L'art culinaire*, in AA.VV., *Les classiques de la table à l'usage des praticiens et des gens du monde*, Paris, Martinon, 1844, p. 263.
3 *Ibid.*
4 *Ibid.*, p. 257.
5 *Ibid.*

6 *Ibid.*
7 Marie-Antoinin Carême, *Aphorismes, pensées et maximes,* in *Les classiques de la table,* cit., p. 363.
8 *Ibid.*
9 Cit. da De Cussy, *L'art culinaire,* cit., p. 263.
10 *Ibid.,* p. 257.
11 *Ibid.*
12 *Ibid.,* pp. 257-58.
13 Charles-Louis de Montesquieu, *Riflessioni e pensieri inediti (1716-1755),* cit., p. 227.
14 *Ibid.,* p. 181.
15 *Ibid.,* p. 182.
16 De Cussy, *Les classiques de la table,* cit., p. 287.
17 Ch.-L. de Montesquieu, *Riflessioni e pensieri inediti (1716-1755),* cit., p. 157.
18 *Ibid.,* p. 182.
19 G. Roberti, *Ad un Professore di Belle Lettere nel Friuli,* in *Raccolta di varie operette dell'Abate Conte G.R.,* Bologna, Lelio dalla Volpe, 1785, t. IV, pp. VI-VII.
20 G. Roberti, *Risposta del padre G.R. al Conte di S. Rafaele,* in *Scelta di lettere erudite del padre G.R.,* Venezia, Tipografia di Alvisopoli, 1825, p. 217.
21 G. Roberti, *Lettera a sua Eccellenza Pietro Zaguri sopra la semplicità elegante,* in *Raccolta di varie operette dell'Abate Conte G.R.,* cit., t. IV, pp. I-XVIII.
22 Vedile nella *Lettera ad un vecchio e ricco Signore feudatario sopra il lusso del secolo XVIII,* in *Scelta di lettere erudite del padre G.R.,* cit., pp. 119-49.
23 *Ibid.,* p. 121.

Le «belle arti» abbandonando le gonfie e pesanti forme barocche si fanno più snelle, aggraziate, leggere: i giuochi di prospettiva dei saloni si aprono in aerei fondali, i soffitti mostrano cieli azzurrini in cui veleggiano bianche, rarefatte nuvole, mentre gli interni delle case patrizie razionalizzano gli spazi, i mobili si assottigliano e le loro linee agili e nervose splendono di superfici laccate o intarsiate. Lo stile rococò e ancor più la poetica sensistico-neoclassica esigono nobile semplicità, asciutto decoro. Il «buon gusto» detta le nuove leggi al nuovo «genio» dei tempi. Allo stesso modo, la cucina riformata dell'illuminismo esprime il *Lebensgefühl* del secolo nuovo, il bisogno di corpi alleggeriti, asciutti e scattanti (come le idee e lo spirito nuovi, alacri e mossi) rispetto alle masse carnali espanse e poco solide del secolo precedente, interpretando la diversa gestualità e il nuovo senso del movimento del corpo. Anche i larghi, ridondanti abiti maschili, espansi dalla cintola in giù, si restringono e s'affilano. Dalla seconda metà del '600 l'attillato eclissa il rigonfiato, il *culotté* le braghe larghe. In generale, gli abiti maschili che nel Seicento erano tagliati in modo da far apparire più grande, maestoso e imponente chi li indossava, si restringono assestandosi su proporzioni più vicine alla taglia di chi li porta.

La cucina della vecchia società coi suoi piatti «patriarcali» non soddisfa più il nuovo gusto, la domanda crescente di «semplicità elegante». Il «lusso squisito e solenne», il «fasto indocile», la «prodigalità sconsigliata», l'«abbondosa liberalità» della «vecchia maniera» devono fare i conti con un nuovo, misurato ed equilibrato «gusto dell'eleganza». Il «gusto del secolo», di «questo nostro purgato secolo»[1] (come scriveva Francesco Algarotti, «le Cigne de Padue», il più penetrante occhio del '700, autore del *Congresso di Citera*, amateur raffinatissimo d'arte e d'ogni forma di bello), riequilibra con meditati, illuminati dosaggi gli statuti della tavola, inventa nuove suppellettili, prescrive ritmi nuovi, inaugura nuovi cerimoniali, mette al bando vivande ritenute non solo obsolete ma nocive e soprattutto socialmente sconvenienti e volgari, come l'aglio, la cipolla, i cavoli e — c'era da aspettarselo — i formaggi. L'elogio della «scarsa mensa ordinaria» e della «sana semplicità» non soddisfaceva, a sua volta, chi aveva conosciuto la larghezza se non la grandezza, la magnificenza, la pompa e lo splendore della mensa secentesca. Il vecchio conte feudatario che l'abate Roberti si sceglie come destinatario della lettera sopra «il lusso del secolo XVIII» sosteneva senza alcuna esitazione che

si mangiava meglio nel Seicento che non ora, benché la mensa non offerisse agli occhi né tante salse, né tanti colori, né tante figure, né tanti nomi mentiti e strani... I nostri vitelli allevati con latte dolce, i nostri manzi impinguati con fieno odoroso, i nostri polli con lenti progressi ben pasciuti nell'ozio molle de' loro gabbioni, i nostri uccellami poi e la nostra selvaggina formavano pranzi salubri e saporosi. I piatti che solete voi chiamar patriarcali, di caccia eletta, superano tutto il sapere di tutte le scuole dei cucinieri. Sfido, diceste, Marzialò [Massialot, autore de *Le Cuisinier royal et bourgeois*, uno dei massimi precursori della cucina Reggenza], gran maestro negl'ingegni dei cibi, a farmi una beccaccia giovine e polputa, o una dozzina di beccafichi fini e grassi. Il metodo di mangiare stabilmente fior di carni e fior di pesci e fior di erbaggi e fior di uccelli e fior di frutte secondo le stagioni convenienti e le ore, dirò così, opportune della loro grassezza e della loro maturezza fu e sarebbe oggi pure un metodo dispendioso, gradevole e illustremente signorile.[2]

Il processo di cambiamento della tavola s'inserisce nel più ampio contesto dell'evoluzione economica italiana, della nascita di una coscienza finanziaria più realistica, di un ideale economicistico razionalizzatore degli scambi e dei consumi, che incide profondamente sullo stile nobiliare barocco sensibilissimo alla magnificenza, allo splendore scenografico degli apparati e delle pompe.[3]

Alla «prodigalità sconsigliata» del secolo precedente subentra la «sontuosità dilicata», poco incline alla follia della dissipazione e dello sperpero che nel secolo XVII aveva bruciato risorse e capitali con grande leggerezza, a dispetto d'ogni logica economica, per pura ostentazione di grandiosità aristocratica. Cambia il rapporto con gli alimenti, i cibi si guardano con occhi nuovi. Si trasforma il gusto, si condanna l'eccesso e il fasto

41

come indici di irrazionale sregolatezza, si teorizza il buon gusto secondo il metro della misurata sobrietà. Lo spendere in eccesso non è più la dimostrazione migliore del lusso e della liberalità.

Se al lusso bastasse lo spendere — erano le sagge riflessioni dell'abate Roberti —, qual pranzo per lusso più famoso di quello che diede nel secolo passato Boullion ministro di stato nella corte di Francia? Immaginò egli d'imbandir tavola con piatti conditi e carichi di monete d'oro e d'argento, invitando ed animando i suoi commensali a trarsene dinanzi in copia col cucchiaio volonteroso, anzi pur con le mani senza paura d'imbrattarsele.[4]

Il nuovo «gusto dell'eleganza» imprime una diversa strategia alla «tattica della tavola» che tuttavia andava spontaneamente modificandosi anche senza l'intervento degli illuministi del «Caffè», la cui «riforma» si limita a notificare un cambiamento già avvenuto, a fissare atteggiamenti già diffusi, a codificare l'esistente, seguendo il flusso delle cose e l'evolversi delle forme della vita sociale.

Un vecchio libertino come Saint-Évremond, morto esule in Inghilterra nel 1703, maestro a tutta una generazione di «science des plaisirs»,[5] col suo calibrato edonismo aveva riproposto nel nome di Epicuro (e all'ombra di Orazio e di Petronio) un programma di moderate e ben temperate delizie, una «volupté sans volupté»[6] secondo la saggia dottrina dell'antico maestro il quale aveva voluto che «la sobrieté fût une économie de l'appétit et que les repas qu'on faisoit ne pût jamais nuire à celui qu'on devoit faire».[7]

In questa prospettiva di meditato revisionismo tardo-barocco del gusto, le carni pesanti, le carni «nere» (quelle stesse che saranno bandite dalle tavole illuministiche italiane) conosceranno la loro prima sconfitta. Le ostriche e i tartufi prendono il potere esiliando i piatti forti della vecchia tavola aristocratica. Accingendosi a ridisegnare la mappa della «gourmande géographie»,[8] il vecchio incontentabile nobile anglo-francese teorico della perfezione e inventore della «donna immaginaria», visitato (e poi tradotto) con ammirata simpatia da Lorenzo Magalotti, l'«Ulisse della Toscana» (come lo chiamava Francesco Redi), redige in versi l'atto di morte della vecchia cucina feudale:

Bannissons toute viande noire,
N'en souffrons plus à nos repas,
Hors deux à qui l'on doit la gloire
De plaire à tous les délicats.
Venez, ornement des cuisines,
Oiseaux qu'on ne peut trop aimer:
Alloüetes et becassines,
Est-il besoin de vous nommer?[9]

I freddi parti di Teti, le conchiglie, stavano abbattendo il vecchio primato dei pennuti abitatori dell'aria. Il palato dei *délicats* aveva cambiato, volubile come il vento, quadrante. «En mérite de goût», «les huitres» (quelle di Colchester in particolare) erano riuscite a

... surmonter
Toute volante créature,
Tout gibier, tout ragoût, tout ce que peut vanter
Le célèbre inventeur du Tombeau d'Epicure.[10]

Selvaggina di piuma, selvaggina di pelo, carni nere, perfino il celebre stufato dedicato dal suo inventore ai mani gloriosi di Epicuro erano messi in pericolo dalla clamorosa avanzata delle ostriche crude delle quali anche in Italia Magalotti registra nel 1682 l'ascesa fra le «strane adozioni» della «svogliata moderna scalcheria».[11]

Insieme alla tomba di Epicuro, uccellame e selvaggina, «toute volante créature», «tout gibier» erano entrati nel cimiteriale viale del tramonto. Simboli della convivialità feudale e dell'aggressività barbarica, queste gloriose carni nere e sanguigne devono sopportare l'affronto d'inchinarsi alla molle, esangue e gelatinosa polpa delle ostriche e all'ambiguo sentore di terra umida e oscura dei malinconici e tristemente venerei tartufi, sotterranei frutti nutriti di tenebre, di rugiade notturne, di linfe opache.

Huitres, vous l'avez emporté,
Les trufles seulement seront plus estimées.[12]

È singolare che il declino della grande, fastosa cucina rinascimentale e barocca sia segnato dall'incipiente tramonto delle grandi cacce, dalla decadenza di tutto ciò che sfreccia nell'aria o corre sulla terra, di tutto ciò che esprime movimento, forza muscolare, scatto, energia, vigore, dell'animalità che vive in stretta familiarità con le nuvole, coi venti, col sole. E che il secolo della luce intellettuale, nemico del buio e delle tenebre, preferisca cibarsi di gelidi, inerti, semicadaverici organismi usciti sfatti dalle acque o di sterili bulbi nemici della luce, nutriti dall'umido notturno e selenico del sottosuolo delle grandi foreste autunnali. Singolare ma non paradossale che il virtuoso, rigoroso, astemio e vegetariano Robespierre (che condivideva con gli asceti la «triste singularité de ne manger que des herbes»)[13] facesse macellare la selvaggina reale di Versailles, decapitando sia l'ondeggiante silhouette della regina, sia il greve sovrano amante delle arti di Vulcano, studioso delle tecniche del fuoco.

Per questi uomini nuovi, per gli illuministi di formazione gallica, severissimi nel condannare gli eccessi e le inezie del secolo barocco, per gli implacabili demolitori della vecchia «maniera» che amavano vivere in piccoli ambienti arredati con sobria eleganza, in *cabinets* e in studioli luminosamente raccolti, sarebbe sembrato sprofondare nell'inferno del cattivo gusto discendere nel *buen retiro* madrileno di un nobile italo-spagnolo del secolo precedente, nell'antro odoroso di Luigi Guglielmo Moncada d'Aragona dei duchi di Montalto, splendido barone siciliano divenuto «grande» di Spagna, giunto poi alla porpora cardinalizia nel 1664 dopo la morte della seconda moglie. La sua stupefacente *Boveda*, avvolta in una perpetua nebbia di profumi, supremo esempio di smodato sensualismo e di torbida mollezza arabo mediterranea, avrebbe fatto inorridire l'illuminista che per caso vi fosse penetrato. Quello che a Lorenzo Magalotti appariva un santone aromatico, un mago dei deliri olfattivi, il «gran genio tutelare degli odori»[14] sarebbe sembrato agli uomini del «Caffè» una specie di califfo levantino.

Era questa una spezie di sotterraneo, che egli aveva cavato nella sua casa di Madrid, espressamente con animo di fare un luogo da regalarvisi su l'ore abbruciate della state per sé e per gli amici... Mura bianche, senz'altro ornamento che di specchi. Gran tavolini di marmo: sopra, vasi di fiori freschi, e i fiori di mano in mano tutti i più odorosi della stagione; sotto, piuttosto bagni che catinelle di cunzie di più maniere di conce, e tutte *sobresalientes*. Nella facciata principale un grandissimo armadione nel muro dalla volta al pavimento, con diversi palchetti. Uno tutto buccheri d'India, un altro della Maya, un altro di Estremoz, e uno di porcellane, ma tutte scoperte e tutte piene d'aceti e d'acque di fiori della maniera che sapeva farle il Cardinale. Alle finestre, cortine di tela d'Olanda, e sopra il letto una coperta di pelli d'ambra traforate con fodera d'ermisino colorato... Tra le due e le tre della sera, quando il Cardinale era per destarsi, Francisco, un suo aiutante di camera, rallevato da ragazzo per la profumeria, scendeva nella Boveda con due o tre siringoni d'argento alla mano; uno d'aceto, e gli altri d'acque alterate ricchissime; e lasciate pur fare a lui. Non solamente all'aria, ma ai fiori de' vasi, ai buccheri (a quelli però di Portogallo solamente) e alle cortine delle finestre, come i barcaroli olandesi alle vele delle piccole barche, perché tengano meglio il vento, in somma una nebbia perpetua infinché non era fradicio ogni cosa; l'aceto poi solamente sul mattonato. Fatta questa funzione dell'*asperges*, s'apriva il gran tabernacolo che, come mi disse il marchese di Grana, che è quello che mi fece tutto questo racconto, era veramente una gloria: e allora scendeva il Cardinale...[15]

La Spagna e i suoi cerimoniali mozarabici si allontanavano dall'Italia settecentesca orientata ormai sui quadranti settentrionali. Passava la sua moda, tramontava la sua lingua, si dimenticavano i suoi profumi, le sue gelatine aromatiche, le sue manteche, i suoi frutti gelati, le sue bevande mielate e drogate come l'aloscia (*aloxa*). Morente ormai anche il *candiero* di cui un giorno Lorenzo Magalotti, uomo-cerniera fra meridione e settentrione, esploratore delle culture dell'«Europa non barbara», aveva messo in rima la ricetta:

> Tuorli d'uovo cotti appena
> Sbatti in tersa porcellana,
> E se vuoi cosa sovrana
> Quanto sai sbatti e dimena:
> Poi metti zucchero
> Più assai d'un pizzico;
> Tonne un gran bucchero:
> Non fare a spizzico:
> Poco muschio, ed ambra in chiocca,
> Venti, o trenta gelsomini,
> Monda un par di limoncini
> Sol per vezzo della bocca...[16]

Dopo aver scoperto l'Inghilterra, il gran viaggiatore al servizio di Cosimo III voltò per qualche tempo le spalle alle iberiche mantechiglie e parve dimenticarne polvigli e pastiglie, «cioccolate di fiori» e composte garapegnate. Sedotto dalla «bell'isola incantata», verseggiò il *recipe* del «contento, vivanda inglese», inneggiando al nuovo piatto arrivato d'oltre Manica.

D'Inghilterra dunque è giunto
In buon punto
Un gentil nuovo lavoro:
Bianca pasta, odorosetta,
Liquidetta,
Di tre sensi almo ristoro.
Una pasta profumata,
Delicata,
Che vien sangue in un momento.
Basti dir, che l'inventrice
Sua felice
Le diè nome di *Contento*.
Ora ascolta. In sulla libra
M'equilibra
Riso e mandorle in farina.
Fin al riso è poca cosa:
Faticosa
Ben'è l'altra, e pellegrina...
Sia la pioggia d'acqua pura,
Qual natura
Giù dal ciel la lascia andare.
Solamente sia bollente
Sia cocente,
Sia bastante ad allungare.
Allungar quel denso latte,
Che combatte
Al favor di due farine
La pigrizia d'un palato
Delicato,
Che vuol rosa senza spine...[17]

Mescolata con la «manna di Caracca» (col cioccolato), spruzzata d'ambra e versata poi in un vaso di porcellana, guarnita di fiori, la «superba gelatina» albionica era ormai pronta.

Libertino cattolico che aveva respirato l'aria delle più prestigiose corti d'Europa, il cui «stile da signore... sentiva di sua gran nascita» e di «suo uso di mondo» (A.M. Salvini), mediatore culturale, importatore di novità iberiche e transalpine ma fiero della grande tradizione romana e toscana e critico all'occorrenza con gli aspetti più discutibili delle culture straniere, questo *florentin* dall'accento leggermente romano, dall'occhio infallibile e dal naso prodigioso che dell'ottimo sceglieva sem-

pre il meglio, maestro di moda e consigliere squisito di gentiluomini e di nobildonne in fatto di guanti, drapperie, parrucche, porcellane, profumi; *connaisseur* d'arte come pochi, «filosofo naturale» curioso di tutte le rarità e le bizzarrie della natura,
poliglotta e traduttore dalle lingue orientali più rare, gentiluomo «trattenuto» del granduca Cosimo III e membro del suo
Consiglio di Stato, galileiano revisionista, di casa ad Oxford e
alla Royal Society, fu anche uno dei primi italiani (precursore
dell'anglomania settecentesca) ad innamorarsi della Merry En-
gland, della «bell'isola incantata, / sede amata / del bel tempo
e del piacere».[18]

Estimatore delle «buone tavole di Parigi» e del «genio della
nazione» gallica affiorante nella «leccornia del mangiare» (lui
che era capace di cenare a casa sua sopra un «tavolinuccio»
accanto al fuoco con «due cucchiarate di pappa, quattro bocconi di piccatiglio, una mela cotta, e salta»),[19] rimase colpito
durante il soggiorno parigino del 1668 dalla «pulizia della cucina e della credenza» del *traitteur* De Noier, dalla «squisitezza»
della sua locanda di lusso situata alle porte della capitale, nel
«villaggio di S. Clou».

Questa casa è uno dei grandi scolatoi per la gioventù di Parigi, poiché per tutto l'anno, vengasi a che ora si pare e in quanti si vuole, in
una mezz'ora s'è servito a quante dobble si vuol per testa in camere
parate d'arazzi, lastricate di marmo, adornate con letti di riposo, con
seggiole e con altri mobili nobilissimi, co' cornicioni delle volte tutti
pieni di terre di Turchia, di buccheri e di porcellane così fitte che i
vasi si toccano, con lustri smisurati di cristallo, con biancherie di
Fiandra, con tutto il servizio d'argento, con tutti i piatti regalati di
fiori secondo la stagione, con diaccio e con confettura bianca, canditi,
geli bianchi, mangiari alterati con ambra, e insomma con ogni squisitezza, pulizia e galanteria.[20]

Della Spagna però gli erano rimasti indelebilmente nel cuore
i profumi. Era ritornato in Italia «colla frenesia in capo degli
odori, e con una libreria di ricette, e dell'Infanta Isabella, e del
Cardinal di Moncada, e di tant'altri signori e dame spagnuole
e portughesi».[21] Stregato dai gelsomini di Catalogna e dai polvigli di Andalusia e di Castiglia, dalla cioccolata di gelsomini e
da quella d'agrumi, dal gusto vitreo e tagliente del cioccolato
in garapegna e da quello morbido della cioccolata alla Frangipane, pur correndo per tutte le strade dell'Europa civile e della

barbara (fu anche fra lapponi e svedesi) navigava sempre in una nuvola d'iberiche dolcezze. Durante il suo terzo viaggio in Fiandra, entrato in dimestichezza col mitico duca di Montalto (alias cardinal Moncada), corruppe il suo aiutante di camera e poté finalmente trascrivere le ricette segrete di quel voluttuoso grande di Spagna che si faceva fare clisteri di acque odorose senza sale per ritenerle dentro di sé tutto il giorno.

NOTE

1 Francesco Algarotti, *Pensieri diversi*, in *Opere del conte Algarotti edizione novissima*, Venezia, Palese, 1792, t. vii, p. 148.

2 Giovambatista Roberti, *Lettera ad un vecchio e ricco Signore feudatario sopra il lusso del secolo XVIII*, cit., pp. 124-26.

3 Cfr. Peter Burke, *Il consumo di lusso nell'Italia del Seicento*, in *Scene di vita quotidiana nell'Italia moderna*, Bari, Laterza, 1988, pp. 169-89.

4 G. Roberti, *Lettera ad un vecchio e ricco Signore feudatario*, cit., p. 120.

5 *Oeuvres meslées de Mr. de Saint-Évremond*, Londres, Jacob Tonson, 1705, t. ii, p. 462.

6 *Ibid.*

7 *Ibid.*, p. 464.

8 *Ibid.*, p. 551.

9 *Ibid.*, p. 550.

10 *Ibid.*, p. 551.

11 Lorenzo Magalotti, *Lettere familiari*, Venezia, S. Coleti, 1732, parte i, p. 202. Per le «ostriche di Corsica» cfr. la lettera di F. Redi a Valerio Inghirami del 30 marzo 1667.

12 Charles de Saint-Évremond, *Oeuvres meslées*, cit., t. ii, p. 551.

13 *Ibid.*, p. 462.

14 L. Magalotti, *Lettere sopra i buccheri con l'aggiunta di lettere contro l'ateismo, scientifiche ed erudite e di relazioni varie*, a cura di M. Praz, Firenze, Le Monnier, 1945, p. 72.

15 *Ibid.*, pp. 90-91.

16 Si legge nelle *Annotazioni di F. Redi al Ditirambo*, in *Opere di F.R.*, Milano, Società tipografica de' classici italiani, vol. i, 1809, p. 293.

17 L. Magalotti; *Il Contento. Vivanda inglese*, in *Canzonette anacreontiche di Lindoro Elateo Pastore Arcade*, Firenze, Tartini e Franchi, 1723, pp. 73-76.

18 *Ibid.*, p. 72. Sempre fondamentale resta di A. Graf, *L'anglomania e l'influsso inglese in Italia nel secolo XVIII*, Torino, Loescher, 1911. Sul Magalotti v. le pp. 243, 406-407 e *passim*.

19 L. Magalotti, *Lettere del Conte L.M. Gentiluomo fiorentino*, Firenze, Giuseppe Manni, 1736, p. 77.

20 L. Magalotti, *Diario di Francia dell'anno 1668*, in *Relazioni di viaggio in Inghilterra Francia e Svezia*, a cura di W. Moretti, Bari, Laterza, 1968, pp. 212-13.

21 L. Magalotti, *Lettere sopra i buccheri*, cit., p. 310.

Un nuovo gusto, una nuova poetica, un nuovo stile portano ordine, misura, moderazione là dove la fantasia barocca, coi suoi eccessi e le sue intemperanze, aveva accumulato grandiose, pletoriche e oppilanti cascate di pietanze, meraviglie decorate, enfasi siringate, arrosti multipli *à surprise*, carni indorate, mostruosi ambrati pasticci, sontuosi emblemi glassati, apoteosi arabescate, gelatinosi arazzi di liquefatta grascia. Alla poetica dell'iperbole e dell'accumulo (anzi dell'*acumulación caotica*) si sostituisce la sobrietà raffinata, il «buon gusto» razionalmente equilibrato e didascalicamente pragmatico. La cucina entra in una fase classicheggiante di bilanciato restauro, di delicata ripulitura delle pesanti incrostazioni del passato, dei «gotici rancidumi»[1] e del corrotto gusto secentesco abbandonando i disordinati accumuli sovrapposti dalle intemperanti fantasie barocche. La generale «riforma del gusto»[2] opera anche sul nuovo programma di perfezionamento dietetico della macchina umana: «riformare la cucina»[3] diviene la parola d'ordine di Pietro Verri e del suo gruppo. Il «gusto del secolo»[4] rimodella con meditati, illuminati dosaggi la disciplina della tavola, impone nuove procedure e inediti cerimoniali, suggerisce con morbido dispotismo nuovi stili densi di «luminose verità» per gli «uomini illuminati», per i nuovi agili filosofi così diversi da quelli di tradizione aristotelica, usi a «disputare sull'*universale a parte rei*, sulle *quiddità*, sul *blictri*, e su altre sì fatte gravissime inezie e deliri dell'umana debolezza».[5] Le «parole barbare» del vecchio logos aristotelico-scolastico, le astruse categorie della logica formale, l'opprimente «giogo di quella scienza di vocaboli»[6] (i *barbara* e i *baralipton* rappresentavano l'equivalente formale degli indigesti e corrotti accumuli barocchi), venivano bandite da una nuova scienza elaborata da intellettuali che a tavola preferivano attingere a categorie alimentari moderne utilissime per liberarsi dal «grossolano nodrimento» e dalle fumose droghe del passato, dalla oppiata cucina delle generazioni feudali «assoporativa e dormitiva». Il trionfo del caffè, ricco di «virtù risvegliativa», sembra scandire il risveglio e l'alacrità dei letterati settecenteschi perché «rallegra l'animo, risveglia la mente... infonde nel sangue un sal volatile che ne accelera il moto e lo dirada e lo assottiglia e in certa guisa lo ravviva», «particolarmente utile alle persone che fanno poco moto e che coltivano le scienze».[7]

I «moderni» convocano al tribunale del buon gusto, alla mensa illuminata della *nouvelle cuisine* riformata, la sovraccarica, asiatica intemperanza barocca. Nella villa del signore moderno la nuova *ratio ciborum* si snoda in un misurato ordine di delicate, sobrie, seppur squisite voluttà.

La tavola è dilicata quanto essere è possibile; i cibi sono tutti sani e di facile digestione; non v'è una fastosa abbondanza, ma v'è quanto basta a soddisfare: le carni viscide o pesanti, l'aglio, le cipolle, le droghe forti, i cibi salati, i tartuffi e simili veleni della umana natura, sono interamente proscritti da questa mensa, dove le carni de' volatili e di polli, le erbe, gli aranci e i sughi loro principalmente hanno luogo. I sapori sono squisiti, ma non forti; ogni cibo che fortemente operi sul palato istupidisce poco o molto il palato medesimo, e lo priva d'un infinito numero di piaceri più dilicati; oltre di che, qualunque cibo che fortemente stimoli il palato, fortemente ancora agisce sulle tonache del ventricolo e degli intestini, e da qui ne vengono infiniti mali che compensano con molta usura il piacere della sensazione provata. I vini raccolti dalle vicine colline hanno molto sapore e poca forza cosicché mischiati con qualche porzion d'acqua rassembrano, al leggier acido loro, alle limonate, e sono una gustosa bevanda che aiuta la pronta digestione. Nessun cibo d'odor forte è ammesso alla nostra mensa, ed è proscritta ogni erba che infracidendosi dia cattivo odore; perciò i caci e i cavoli d'ogni sorta ne restano esclusi. Tale è il nostro pranzo, che terminiamo con un'eccellente tazza di caffè, soddisfatti, pasciuti, e non oppressi da grossolano nodrimento, dal quale assopito lo spirito spargerebbe la noia nella società nostra, nella quale anzi dopo il pranzo sembra rianimarsi la comune ilarità.[8]

La radiografia della tavola signorile riformata — le nuove delizie di villa rimandano al 1764 — non potrebbe essere più lucida. È una preziosa stampa che tratteggia nitidamente le rinnovate *manières de table* di una società alacre ed elegante che rimodella e reinventa se stessa collocandosi in un diverso rapporto con quella passata. Il distacco dalla mensa barocca appare radicale, in un contesto dominato dalla delicatezza, dalla leggerezza, dalla misura («v'è quanto basta a soddisfare...»), dal rifiuto delle tonalità accentuate, dei sapori violenti, degli aromi densi e acri, lontano dalla «fastosa abbondanza», dal «fasto e dalla vana magnificenza» del pranzo secentesco. La digestione dell'«uomo di buon gusto che cerca il vero» e che non può abbandonarsi a sogni bizzarri e scomposti, a grottesche chimere, né mai assopire l'alacrità e la vivacità intellettuale con «grossolano nodrimento», deve essere «facile». La «pronta digestione» vuole essere favorita anche da vini non solo di «poca forza», ma stemperati nell'acqua tanto da renderli simili alle frizzanti limonate. I prodotti locali vengono snobbati. «I nostri migliori vini non mi piacciono e preferirei il mediocre vin d'Austria all'ottimo di Lombardia», scriveva il 26 ottobre 1771 Pietro Verri al fratello Alessandro. «Il nostro si beve per ubbriacarsi; l'altro è una limonata spiritosa, che rallegra e non più».[9]

Bandite le droghe surriscaldanti, i cibi fortemente salati e salpimentati, i tartufi («veleni della umana natura»), i sapori vogliono essere percepiti «squisiti ma non forti», accostati più che amalgamati, accoppiati piuttosto che mescolati o, peggio ancora, fusi.

Proscritte le carni «viscide e pesanti» (i consumi carnei — è stato notato da F. Braudel — sono in notevole diminuzione nel XVIII secolo) il gusto moderno si orienta verso il pollame e i volatili. Animali da cortile e cacciagione minuta, non «selvaggiume» dai sapori violenti.

Anche il pavone, ormai esautorato dalle più tenere carni di tacchino (il «gallo d'India») e fin dalla seconda metà del Seicento relegato — secondo Vincenzo Tanara — ad ornamento dei pranzi nuziali, tende a scomparire dai menu settecenteschi. Tuttavia è molto probabile che il *pavo cristatus*, «il più splendido, per lo sfarzo dei colori, fra gli uccelli dell'ordine dei gallinacei», avesse ancora una circolazione più o meno clandestina se a Pellegrino Artusi «lasciò ricordo di carne eccellente per individui di giovane età». Il pavoncello infatti nella seconda metà del Seicento era ancora ritenuto una squisitezza. Lorenzo Magalotti, uomo di gusto trascendentale, lo apprezzava a tal punto da ritenere indispensabile mandarne uno accompagnato da una sua ricetta all'amico Redi

Un pavoncel grassissimo bracato,
che fa le fiche all'ortolano, e al tordo
per farne un sobriissimo bagordo
ti mando Redi mio, Re di Garbato.

Il tuo gusto è sì esperto, e così fino
che stimo ben saprai come e' si cuoca,
che sei dottore, e non sei mica un'oca
da mangiartelo lesso, od in zimino.

Recipe in ogni caso un grosso tocco
di fresco lardo, ch'abbia la cotenna
tinta in verzino, e fatta in su la penna
dell'alpi dove vien più grosso il fiocco.

Questo in tagliuoli a mo' di vermicelli
fa' col coltello, e quanto più tu sfili
minuto, e più quanto gli fai sottili
tanto meglio verranno i tuoi lardelli.

Poiché l'amico hai ben pelato, e netto
ponti a seder, cacciatel sotto, e piglia
con l'ago in man, di questa canutiglia
di cavargli le brache, ed il farsetto...[10]

Lontane sono ormai le grosse prede delle cacce nobiliari barocche, le carni rosse e sanguigne, di sapore violento dei quadrupedi di grossa stazza, di cinghiali, di cervi; o di daini dei quali, nelle cacce ad Artimino, la corte medicea faceva quotidiano macello (se ne trucidavano talvolta più di quaranta al giorno partecipandovi anche «principesse giovani» e dame), spartiti dopo la strage fra i «signori cortigiani» che ne mangiavano le parti nobili mentre le interiora e le teste finivano sulle tavole dei guardacacce e degli sguatteri, «rigaglia» dei «baroni delle cucine».[11]

I raffinati commensali del secolo molle e delicato sarebbero inorriditi se avessero saputo che il «magro, secco, allampanato e strutto»[12] protomedico granducale Francesco Redi si abbandonava ad avventurose sperimentazioni gastronomiche utilizzando proprio quei cervelli di daino sui quali correva a corte una «certa antichissima, ostinata e peggio che eretica credenza, mantenuta da questi ribaldi [il personale di cucina e gli aiutanti di caccia] che il cervello de' daini fosse una cosa pessima, quasi che ostica a mangiare e molto nociva alla sanità del genere umano; sicché non v'era in corte né pure un sol galantuomo, che per civiltà o per paura si fosse arrisicato a far comparire cervello di daino nella propria tavola».[13]

L'indefesso anatomista aretino, sezionatore imperterrito di serpi, lombrichi e rospi, «carnefice perpetuo de' più schifi, e de' più sordidi parti della natura» (Magalotti), non seppe resistere un giorno alla tentazione di prendere un cervello di daino dal tavolo anatomico e di mandarlo a friggere in padella.

Ma io, che son nato al mondo per trovar delle cose belle e giovevoli — scriveva al dottor Iacopo del Lago nel settembre del 1689 (nella stagione delle cacce) proprio dalla tenuta granducale di Artimino — avendo a questi giorni tra mano alcuni di questi cervelli a fine di osservarne la fabbrica, e parendomi cervelli paffuti, belli, ben fatti e di buona sustanza, m'arrisicai, a dispetto del mio servitore che si vergognava a portar questa luterana baroneria in cucina, m'arrisicai, dico, a farne friggere una solenne padellata in lardo vergine, che comparsami calda calda, e ben rosolata in tavola, me la sconocchiai francamente quasi tutta, e trovai con iterata, reiterata e vera e sicura esperienza, che il cervello di daino è una gentil cosa, molto saporita e molto sana e molto migliore del cervello di porco e della vitella, per non dir di quello del delfino, che a mio giudizio è migliore di tutti quanti i cervelli, perché si può mangiare la Quaresima e le vigilie comandate.[14]

Il conte Verri, che pure adorava Galileo, certamente non avrebbe mai avuto voglia di tentare la «vera e sicura esperienza» di un infaticabile sperimentatore di tradizione galileiana come l'aretino Redi, distruttore del millenario mito della generazione spontanea e sgominatore di altre arcaiche e ben più pervicaci credenze che non quella della nocività del cervello di daino.

Dopo le prime diffuse perplessità, la corte medicea si buttò avidamente sui lobi cerebrali di questi nobili quadrupedi.

Or predicando io, secondo il mio solito, per ben pubblico, il mio nuovo scoprimento, ed essendo per le camere più segrete e per l'anticamere considerato e riconsiderato come invenzione fatta
Da un uom qual mi son io d'ingegno predito
subito con grande avidità si son cominciati a ricercare i cervelli de' daini come una pellegrina e nuova delizia; e si son veduti qui per le primarie tavole.[15]

Accadde poi una cosa singolare. Tutta la corte di Cosimo III parve stregata dal fascino di questi esperimenti anatomo-gastronomici; e, di esperienza in esperienza, tagliando e frugando fra le viscere, le trippe e le parti ignobili di questi nobilissimi animali, si giunse fatalmente a un nuovo sconvolgente ritrovamento. Un gentiluomo d'alto rango di sangue marchionale, provando e riprovando, arrivò a localizzare una occulta, impensabile delizia che fece impallidire la pur sensazionale scoperta del protomedico insigne.

In questo mondo — fingeva di lamentarsi Francesco Redi che oltre ad essere un maestro di scienza nuova era anche un parruccone ironico e un commediante sornione — non vi è mai allegrezza che non vada accompagnata da qualche dolore o per lo meno da qualche scontentezza. Grande sarebbe stata la mia gloria, se nello stesso tempo non fosse stata fatta un'altra saporitissima nuova scoperta nella regione australe incognita dei daini: imperocché l'illustrissimo signor marchese Clemente Vitelli, primo gentiluomo della Camera del Serenissimo Granduca, ha col proprio ingegno ritrovato e scoperto che il lampredotto del daino è vieppiù gentile, teneruccio e saporoso di quello di qualsivoglia altra bestiaccia che vada in voga per le cucine de' ghiotti; e iermattina per attutire la mia scervellata superbia me ne donò un piatto della sua tavola, che, a confessar divotamente la verità, riuscì arcibonissimo.[16]

Due generazioni più tardi, questi spericolati giuochi gastronomici fra gli intestini e le frattaglie dei daini, sulle loro parti australi o boreali, sarebbero sembrati mostruosi ghiribizzi di cervelli stravaganti non ancora illuminati dalla luce del ritrovato «buon gusto». Ma gli anni rediani erano ancora anni di controverse scoperte. Segnati da quella crisi di fine secolo che lascerà la sua impronta anche nell'incerto e confuso amalgama delle delizie di bocca, nell'intreccio fra ghiottonerie vecchie e raffinatezze nuove, fra carnumi medievali e novità esotiche. La Cina e il Mondo Nuovo s'inseriscono spettacolarmente nella tradizione eurocentrica del gusto toscano ed italiano.

1 Francesco Algarotti, *Lettera a Bernardo Fontenelle* (24 gennaio 1736), in *Opere del conte Algarotti*, cit., t. IX, p. 17.

2 Melchiorre Cesarotti, *Saggio sulla filosofia del gusto all'Arcadia di Roma*, in *Opere scelte*, a cura di G. Ortolani, Firenze, Le Monnier, 1945, vol. I, p. 212.

3 Pietro Verri, *Articoli tratti dal «Caffè»*, in *Opere varie*, a cura di N. Valeri, vol. I, Firenze, Le Monnier, 1947, p. 35.

4 *Ibid.*, p. 48.

5 *Ibid.*, p. 70.

6 *Ibid.*, p. 71.

7 *Ibid.*, p. 9.

8 *Ibid.*, pp. 50-51.

9 *Carteggio di Pietro e di Alessandro Verri dal 1766 al 1797*, cit., vol. IV, Milano, 1919, p. 270.

10 Lorenzo Magalotti, *Al Signore Francesco Redi*, in *La donna immaginaria. Canzoniere del Conte L.M. Con altre di lui leggiadrissime composizioni inedite, raccolte e pubblicate da Gaetano Cambiagi...*, Lucca, Stamperia di Gio. Riccomini, 1762, pp. 229-30.

11 Francesco Redi, *Lettere di F.R. Patrizio aretino*, II ed., Firenze, Gaetano Cambiagi, 1779, vol. I, p. 381. La lettera è del settembre 1689.

12 Cit. da Ferdinando Massai, *Lo «Stravizzo» della Crusca del 12 settembre 1666 e l'origine del «Bacco in Toscana» di Francesco Redi*, Rocca S. Casciano, Cappelli, 1916, p. 21.

13 F. Redi, *Lettere di F.R. Patrizio aretino*, cit., vol. I, p. 381.

14 *Ibid.*, pp. 381-82. «Apicio ed Ateneo mi sgriderebbono, se lasciassi in dimenticanza quest'altra osservazione, ancorché non sia a proposito, che il cervello del delfino è una delicatissima vivanda, e non cede né poco né punto a quella del cervello delle vitelle di latte o di qual si sia altro costumato nelle più laute e più ingegnose cucine; anzi direi per esperienza che fosse molto migliore e più delicato e gentile» (*Osservazioni intorno agli animali viventi che si trovano negli animali viventi*, in *Opuscoli di storia naturale di F.R.*, Firenze, Le Monnier, 1858, p. 429).

15 F. Redi, *Lettere di F.R. Patrizio aretino*, cit., vol. I, p. 382.

16 *Ibid.*, pp. 382-83.

Vascelli olandesi ed inglesi, spagnoli e francesi provenienti dall'estremo Occidente o dal lontano Oriente scaricano sui moli della vecchia Europa balle e casse di prodotti nuovi ed eccitanti: erbe indiane, polveri subtropicali, fiori inquietanti, carni impensabili, frutti imprevedibili, tuberi sconosciuti, semi ignoti, legumi strani, tabacco e cacao, vainiglia e china-china, peperoni e nidi di rondine, caffè e tè, tulipani e gelsomini di Goa, armadilli e tacchini, araticù e terra catù.

Nelle spezierie di Livorno, che agli occhi di Usbeck-Montesquieu appariva «la ville d'Italie la plus florissante», «témoignage du génie des ducs de Toscane»,[1] arrivò nel 1679 una droga dal sapore singolarmente composito. Un superconcentrato di molte altre spezie tropicali, «una scorza simile alla cannella grossa, la quale fu mandata da Cadis al Sig. Cestoni sotto nome di "tutte spezie", e pare avere nella varietà de' sapori quel privilegio che ha quella droga o seme aromatico portato dall'Indie occidentali che dagli Spagnuoli è chiamato *Pimienta de Chapa*».[2] Battezzata genericamente col nome di «nuova spezie», questa sconosciuta bacca, che a Francesco Redi fu fatta assaggiare da Lorenzo Magalotti, sembrò al soprintendente della «fonderia» granducale una «galante droga» nella quale riconobbe un ventaglio di gusti diversi: «quello di garofani, come principalissimo, quello di noce moscata come secondario, quello di cannella come del terzo ordine, quello di cedrato, l'odor del muschio, l'odore dell'ambra e la suavità dolcissima dello zucchero».[3] Masticati, questi semi liberavano altri sentori aromatici simili a quelli delle coccole di ginepro e, più attenuati, ai grani del pepe nero. Questo inedito «pepe di ciapa» che nella Nuova Spagna entrava solitamente fra gli ingredienti del cioccolato non ebbe in Europa la fortuna incontrata da altre erbe provenienti dall'Estremo Oriente. Se labile fu la presenza del «finocchio della China», «non molto dissimile al nostro finocchio dolce, ancorché non tanto acuto, con qualche mescolanza di sapori d'anici»,[4] enorme fu il successo del tè. Altre «due strane e preziosissime erbe» del «grand'imperio della China» rimasero nel limbo magico dei talismani, sospesi fra leggenda e realtà:

una delle quali chiamata *pusu* rende la vita degli uomini immortale; e l'altra che è detta *ginseng*, quantunque non abbia tanto vigore da poter donare l'immortalità, ell'è nondimeno così valorosa, che tutto 'l tempo della vita ci può fare star sani e allegri e senza ribrezzo di malattie. Forse di così fatte erbe era piena quella gran caldaia
Dove Medea il suocero rifrisse
Per cavarlo di man della vecchiaia.[5]

I «ghiotti mistici»[6] possono muoversi fra botteghe di mercanti armeni ed ebrei, fra fondachi e magazzini e trovarvi le nuove «strane adozioni della svogliata moderna scalcheria» idonee a «rappresentare alle loro menti alcuni gradi di squisitezza spirituale». Un «alfabeto di ieroglifici» commestibili arricchisce con nuove meraviglie le già stipate credenze e le speziate dispense del vecchio continente. Attivissimi, i gesuiti trafficano e commerciano, importano e smistano tabacco, quinquina (la «polvere dei gesuiti», come allora veniva chiamata, o «polvere del Cardinale De Lugo»), cacao, insidiando con nuove tentazioni, con merci rare e adescanti o con polvigli mirabolanti come il chinino, le anime di potenti e di plebei. La politica occhieggia nelle stive e nelle dispense, la cioccolata diventa strumento d'insinuazione religiosa, di penetrazione edificante, delizia nuova offerta *ad maiorem Dei gloriam*. Il panorama culinario si aggroviglia presentando uno strano cocktail di arcaicità e di modernità esotiche: «zampe di tordo abbrustolite alla fiamma della candela di cera, teste di beccacce spaccate e bruciate sulla gratella, ostriche crude, corna novelle di daino, peducci d'orso, nidi di rondine di Cocincina, tè, caffè, ketchup, cacciunde... le liquefazioni più soavi... sorbetti e cioccolati in garapegna».[7]
Una «ingegnosa invenzione della gola de' moderni, avida sempre delle novità», appariva a Francesco Redi la moda che si stava diffondendo rapidamente dei nidi di certi uccelli d'Oriente serviti sulle tavole come cibo, una delle ultime scoperte in fatto di raffinatezze culinarie che «tanto più sono in pregio», commentava il protofisico granducale, «quanto di più lontano ci sono portate».[8]

57

Vi sono alcuni uccelletti non molto diversi dalle rondini, i quali negli scogli lunghesso il mare di Coccincina fanno i loro piccoli nidi di color bianchiccio e di materia non dissimile molto dalla colla di pesce; i quali nidi strappati da quelle rupi son venduti a carissimo prezzo per nobilitare i conviti, che vili sarebbono e di poca solennità reputati, se non fossero conditi di questa strana imbandigione, che veramente è appetitosa, se da cuoco intendente venga maestrevolmente condizionata. E uno de' modi di condizionarla si è, che mettono in molle que' nidi in buon brodo di cappone o di vitella fino a tanto che eglino invincidiscano e rinvengano; quindi in esso brodo gli cuocono, e poscia con burro, con formaggio e con varie maniere di spezierie gli regalano...[9]

In Francia certi sottili palati si erano raffinati a tal punto da riconoscere e distinguere infallibilmente, pur «mangiando al buio», un «petto di fagiano da un petto di cappone, un petto di pernice da un petto di starna». Lorenzo Magalotti aveva conosciuto nella terra dei Borboni «tra nazioni che s'intendono del mangiare un poco più che generalmente non si fa in Italia», virtuosi *connaisseurs* e «ghiotti così infallibili, da aver saputo benissimo ritrovare al cuoco l'aver cotto le starne più con un fuoco, che con un altro, e l'averle, dopo avviate a cuocere, levate da fuoco per trattenerle, quando il sugo era già cominciato a venire alla pelle, e quivi raffreddatosi, preso un non so che di lezzo, che col rifritto del nuovo tornarsi a struggere, le aveva, dicea colui, rendute *détestables du dernier détestable*».[10]

Le «nuove adozioni» (come diceva Magalotti) della cucina tardo-secentesca, fra barocco e rococò, erano uno «studiato regalo di svogliati, lussureggianti, se non lussuriosi Europei»[11] vogliosi di novità lontane, di esotismi dell'occhio, del naso, del palato. Novità e frenesie che, arrivate al successo improvvisamente, altrettanto rapidamente si dileguavano. Così fu della «terra Japonica» o «terra catecù», detta anche «cato» che «divenne tra' Portoghesi cacciunde, casciù tra' Francesi, e casciù o cacciù rimase, o divenne, per quanto ne so io, tra noi altri Italiani».[12] Molti a Firenze lo ritenevano una specie di «caccao di questo cioccolate orientale».[13] Magalotti fu il primo ad estrarre l'«acqua di casciù», la quale, «sia in pura qualità di acqua liscia che a uso di sorbetto, riportò il pregio sopra quante bevande si fanno la state».[14] Era una terra dal profumo molto delicato da cui si levava «un certo siterello di aromatico, il quale spira così in confidenza, che nell'alidore dell'aria si smarrisce di maniera che per molto che il naso lo braccheggi, non lo rinviene; ma a mettersene in bocca, aiutato dall'umido della lingua, gli si rende sensibile per di dentro».[15]

Effimere volute di sentori tanto eterei da dissolversi quasi nel nulla, piccoli tesori dell'immaginazione voluttuosa più che dei sensi, perché sia questo estratto orientale sia molte altre nuove delizie «la prima volta che tali cose s'assaggiano, o che se ne sente discorrere, come non si sia prevenuto, ch'elle abbiano a esser delizie così pellegrine, non piacciono a nessuno. Ma gli spiriti un po' delicati son suscettibilissimi della curiosità e della prevenzione, le quali fanno che non si atende più il sapor della cosa, ma l'anima innamoratane a credenza, le si fa incontro, e prima che la specie del sapore nel suo essere naturale arrivi a toccarla, ella di lontano asperge lei di quella dolcezza immaginaria, di cui ha in sé la vena, e poi accostandosele, la sente qual ella l'ha fatta, non qual ell'era, e fruendo di se medesima sotto la sua immagine, pensa fruir di lei *Il luy premoit quelque fois envie* (scrive del Bibbiena poi Cardinale un moderno autore di notizie recondite) *au milieu du repas d'aprester des sausses, dont aucun cuisinié ne s'estoit jamais avisé. Il y mettoit la main, et reussissoit tous jours au gré des convies, soit qu'il fût maitre en l'art de flater le goust; soit que ceux, qui en jugeojent, aidassent à se tromper eux mêmes».[16]

Gli spiriti «delicati» dell'ultimo languente rococò-barocco, gl'innamorati «a credenza», i visionari distillatori nel loro laboratorio interiore di dolcezze immaginarie rappresentano gli ultimi esemplari di una razza che verso la metà del Settecento (nonostante le apparenze) risulterà estinta. Prodotti tipici della crisi a cavallo tra i due secoli, essi non si reincarneranno nei *philosophes* né rivivranno nei sapori (pur leggeri e volatili) della razionalità culinaria settecentesca. Tanto meno rinascerà lo spettro diluviante di Polifagone, del «gran leccardo», dell'uomo-ventre che si aggirava nelle sale dei nobili e nella corte di Francia negli anni di Luigi XIII e di Richelieu sotto la maschera del «Seigneur Panphagus», «le grand Epulon en cette cour», che Francesco Fulvio Frugoni trasporterà dal *Banquet sceptique* di La Mothe le Vayer nel suo ditirambico melodramma, *L'Epulone.*

Je l'avois observé pendant tout le repas — racconta Eraste in uno dei *Cinq dialogues faits à l'imitation des Anciens* di Oratius Tuberus —

allant si viste et si bien en hesongne, qu'en verité je croyois, qu'aussi
bien que les cerfs, les chèvres et les brebis, il eust plusieurs ventres au
lieu d'un, et que comme les hérissons, les cancres et les locustes, il eust
dans ces ventres d'autres dents, pour y faire une seconde mastication:
tant y a que je n'estime pas, qu'à n'avoir qu'un ventre, tout homme
n'en fust crevé, s'il n'eust esté ouvrant et fermant à boutons, comme
ceux des habitans de la lune.[17]

Negli anni in cui Panphagus si aggirava fra le tavole dei
grandi *hôtels particuliers* di Francia, eminenti porporati ed altolo-
cati membri dell'alto clero italiano nei tempi di digiuno prescritto ricorrevano a ingegnosi trucchi culinari che, ingannando
gli occhi, dissimulavano cibi vietati sotto innocue spoglie. Veramente «ingegnosa» la gola controriformata che riusciva a con-
trabbandare, giuocando sulle forme e sui colori, saporite ma in-
terdette, riprovatissime carni.

Non bisogna — scriveva Francesco Ridolfi, arciconsolo della Crusca, al protofisico autore del *Bacco in Toscana*, a proposito della appa-
rente leggerezza del suo celeberrimo ditirambo — credere all'apparenza; mi ricordo aver veduto di quaresima a' conviti de' grandi ec-
clesiastici, dove non si vuole scandolezzare, minestre bianche, triglie,
linguattole [sogliole] e trote: ma le prime erano lance di cappon li-
quefatte, le seconde polpe di starne, di francolini e fagiani composte
in figure di pesci.[18]

Del resto, non si poteva assolutamente pretendere che fra la
gente di chiesa tutti, grandi e piccoli, per evitare voluttuose lusinghe e morbide tentazioni, si sottoponessero a freddi e refrige-
ranti esercizi di astinenza come l'eruditissimo gesuita Tommaso
Sanchez, casuista mirabile delle leggi matrimoniali e dottor sottile d'ogni più minuto illecito sessuale, il quale aveva studiato
«trente ans de sa vie ces questions assis sur un siège de marbre,
qui ne mangeait jamais ni poivre, ni sel, ni vinaigre, et qui,
quand il était à table pour dîner, tenait toujours ses pieds en
l'air»[19] («salem, piper, acorem respuebat. Mensae vero accum-
bebat alternis semper pedibus sublatis»). Sedia di marmo sotto
e sopra vivande senza sale né pepe. Non sappiamo però che cosa esattamente mangiasse: data la sua perfetta integrità bisogna supporre che si astenesse da carni troppo calorose ed evi-
tasse accuratamente quel corno di cervo che, variamente trattato, non mancava mai nei pranzi della gente sconsacrata. Te-

mibile come un frammento d'abisso, *maxime vitandus* come un boccone satanico. «Le corna tenere», erano parole di Francesco Redi, «son deliziose nelle mense de' grandi, ed i cuochi ne compongono diversi manicaretti appetitosi. Delle corna dure, secche e limate, ne fanno varie maniere di gelatine molto gustose al palato».[20] Questo «costume di gola»,[21] che aveva ampie propaggini nella farmacopea secentesca, nascondeva una velata credenza nelle virtù afrodisiache del corno e nel membro del cervo, animale di fremente lussuria. È lo stesso Redi che nella *Preghiera e sacrificio a Venere*, inseguendo «larve lascive» e «follie estive», abbandonandosi a fantasticherie voluttuose, intravede un *pervigilium Veneris* nel quale, sul «sacrato fuoco», ardano «laudano, incenso, cinnamomo e croco» e si offra alla dea Ciprigna

> del satirio illustre
> la pregiata radice e del fecondo
> cervo d'Etruria il genitale immondo.[22]

E come costume di mensa il corno di questo invidiato quadrupede sopravvisse ad ogni crollo di reami, ad ogni terremoto sociale, ad ogni rinnovamento del gusto, ad ogni rivoluzione dietetica almeno fino all'età della Restaurazione. Questo corno rispunta fra i «condimenti delle vivande», trattato alla stregua del «butirro», del «parmigiano», dei «funghi secchi» (nella sezione «condimenti generali») in quella virtuosa rapsodia culinaria, a metà strada fra *ancien régime*, romanticismo e Congresso di Vienna, eseguita dalle mani industriose e romanzesche di Francesco Leonardi: in *Gianina ossia La Cuciniera delle Alpi* (Roma, 1817, t. I, p. 45).

Inutilmente invece si cercherebbe sia fra le «produzioni delle quattro stagioni», sia fra le «minute de' pranzi» la gelatina o la polpa di vipera, carne alla quale fin dai tempi più lontani veniva attribuito il potere di allungare vigorosamente l'arco della vita umana. I Macrobi, uomini dalla lunga vita, secondo Plinio ne erano formidabili consumatori. Nel mondo occidentale, nella terra della medicina scientifica e nella patria delle scienze esatte, i potenti e i ricchi avevano disposto che con questa carne dispensatrice di longevità (e di bellezza per le dame) si allevassero quei volatili di corte che finivano poi sulle loro tavole.

Principi e re trovavano poco interessante finire prematuramente o consumare troppo rapidamente il già scarso corredo di anni che (come tutti i mortali) avevano a disposizione. Per questo ordinavano che il pollame destinato alle loro mense fosse nutrito con mangimi viperini: «les Princes d'Europe», scriveva il «libertino» La Mothe le Vayer, l'uomo che aveva trovato «les formules les plus audacieusement sceptiques du XVIIe siècle», secondo René Pintard — «en font avaller à la volaille qui leur sert après de viande».[23] Questa «nourriture de chair de vipère»[24] indiretta, trasposta nella polpa dei volatili domestici, rendeva non soltanto più saporiti, ma più magici e quindi più appetibili i loro bocconi. Mangiare con dedizione e passione questi carnosi talismani accresceva non solo il piacere del pranzo ma incrementava gli anni riserbati ai piaceri di questo mondo.

Il mito terapeutico della carne viperina si protrasse (come quello culinario del corno di cervo) fino ai primi decenni dell'Ottocento.[25] Fu un altro segnale della lunga persistenza d'inveterate credenze refrattarie al cambiamento scientifico, un altro aspetto dell'incredibile lentezza del mutamento dello scenario galenico nel quale la farmacologia si confondeva con la dietologia, con un passaggio continuo dal paiuolo all'alambicco. La gelatina di corno di cervo, gustosa al palato anche per Francesco Redi, poco prima della metà del secolo XVIII veniva ancora prescritta dal fondatore dell'anatomia patologica, Giovan Battista Morgagni. Che, fedelissimo (come i medici dell'età dei lumi) al taumaturgico, collerico rettile, non si stancava di ordinarla sia in brodo, sia sotto forma di «circolato» (un estratto liquido spremuto dall'alambicco), in cui la vipera di monte, con un po' di carne di vitello magro, veniva servita in «bocconcini» legati con conserva di scorze di cedro, o, a richiesta, accompagnata da cime di melissa.[26]

Ricostituenti, restauratori del calor naturale, dispensatori di lunga vita erano ritenuti i «brodi e le carni di polli viperati».[27] Tuttavia il «vino bianco generoso e potente nel quale a bella posta fossero state fatte affogare alcune vipere vive»,[28] se nel Settecento sopravvive nella dietetica per malati, sembra non incontrare più il favore dei sani. A partire dal secondo Settecento l'odore di vipera tende ad uscire dagli archivi dell'olfatto. Il distacco dalla cultura barocca è segnato anche da questa perdita di odor vipereo. Né si hanno più notizie di diete integralmente dedicate a questo rettile, di ossessionanti presenze alimentari non infrequenti nel secolo precedente. Come nel caso di

un virtuoso e nobilissimo gentiluomo, di abito di corpo gracile più tosto che no, e sul primo fiore di sua gioventù, il quale in questa presente state [1664] ha durato quattro settimane continue a bere ogni mattina per colezione una dramma di polvere viperina, stemperata in brodo fatto con una mezza vipera di quelle prese nelle collinette napoletane; a desinare poi mangiava una buona minestra fatta di pane inzuppato in brodo viperino, salpimentata (permettetemi questa voce) con polvere viperina, e regalata [condita] col cuore, col fegato e con le carni sminuzzate di quella vipera che avea fatto il brodo; beveva il vino in cui affogate erano le vipere; a merenda pigliava una emulsione apparecchiata con decozione e con carni viperine; e la sera la di lui cena era una minestra simile a quella della mattina...[29]

Difficile immaginare cosa fosse avvenuto dopo le quattro settimane rigorosamente dedicate a questo affascinante rettile, se il «corpo gracile» del baronetto si fosse condecentemente rinvigorito oppure no. Sicuramente male non gli fece. Non c'è infatti nel racconto rediano il più piccolo indizio che faccia pensare al più piccolo inconveniente. La nostra curiosità è destinata a rimanere senza risposta. Tuttavia, a parte l'episodio di questo strenuo consumatore di tale carne, dobbiamo ritenere che, in linea di massima, i «polli viperati» fossero di ottimo sapore e probabilmente di gusto non inferiore a quelli di oggi ingrassati a tappe forzate, sotto la luce artificiale accecante, con mangimi nei quali la parte più nobile è costituita da farina di pesci.

Sembra poi che cotte in graticola le vipere non solo emanassero una «soavissima fragranza»[30] ma che non avessero niente da perdere nel confronto con l'anguilla grigliata. Si ha notizia di un settuagenario che (non sappiamo se per desiderio d'immortalità o per preferenze sue personali) «si mangiò in un mese e mezzo più di novanta vipere prese di state ed arrostite, come sogliono i cuochi arrostire l'anguille».[31]

Si può però con ogni probabilità ritenere che la fortuna non ultima della carne di vipera dipendesse dalla sua fama di ottima conservatrice della bellezza muliebre appassita dagli anni, ma soprattutto dalla sua supposta magica virtù di dispensare leggiadria e fascino alle giovani donne.

Se poi il mangiar queste carni produca nei giovanili corpi delle femmine (come vogliono molti autori) quella conveniente proporzione delle parti e de' colori, che chiamasi bellezza, e se alla senile etade il perduto bello restituisca, io non ne sono ancora venuto in chiaro...[32]

Se un grande indagatore dei segreti della natura come Redi non ne era venuto in chiaro è inutile che noi, seppur volenterosi osservatori delle «proporzioni delle parti e de' colori» del bello femminile, cerchiamo di risolvere l'annoso enigma.

NOTE

1 Charles-Louis de Montesquieu, *Lettres persanes*, s.l.s.; s.n.t. 1765, p. 54.
2 Nota del curatore settecentesco delle *Lettere di Francesco Redi Patrizio aretino*, cit., vol. II, p. 25.
3 *Ibid.*, lettera di F. Redi a Diacinto Cestoni del 26 marzo 1680.
4 Francesco Redi, *Esperienze intorno a diverse cose naturali e particolarmente a quelle che ci son portate dall'Indie*, in *Opuscoli di storia naturale di F.R.*, con un discorso e note di C. Livi, Firenze, Le Monnier, 1858, p. 287.
5 *Ibid.*, p. 291.
6 Questa e le altre citazioni sono tolte da Lorenzo Magalotti, *Lettere familiari* [contro l'ateismo], cit., parte I, p. 202.
7 *Ibid.*
8 F. Redi, *Esperienze intorno a diverse cose naturali e particolarmente a quelle che ci son portate dall'Indie*, cit., p. 283.
9 *Ibid.*
10 L. Magalotti, *Donde possa avvenire che nel giudizio degli odori così sovente si prenda abbaglio*. Al Sig. Cavaliere Gio. Battista d'Ambra, in *Lettere sopra i buccheri*, cit., p. 305.
11 L. Magalotti, *Sopra il casciù*, in *Lettere scientifiche ed erudite*, Venezia, Domenico Occhi, 1740, p. 246.
12 *Ibid.*, p. 244.
13 *Ibid.*
14 *Ibid.*, p. 246.
15 *Ibid.*, p. 247.
16 L. Magalotti, *Lettere familiari* [contro l'ateismo], cit., p. 203.
17 [François de La Mothe le Vayer], *Cinq dialogues faits à l'imitation des Anciens. Par Oratio Tuberus*, Liège, Gregoire Rousselin, 1673, p. 117. Per il passaggio da Orasius ad Oratius e sul problema della datazione della prima edizione cfr. R. Pintard, *Sur les débuts clandestins de La Mothe le Vayer: la publication des «Dialogues d'Orasius Tubero»*, in *La Mothe le Vayer - Gassendi - Guy Patin. Etudes de bibliographie et critique suivies de textes inédites de Guy Patin*, Paris, Boivin et Cie. Editeurs, s.a.
18 Frammento di lettera inedita citato da G. Tellini, *Tre corrispondenti di Francesco Redi (lettere inedite di G. Montanari, F. D'Andrea, P. Boccone)*, in «Filologia e critica», I, 1976, p. 409, nota 10.
19 Gabriel-Honoré di Mirabeau, *Erotika Biblion. Édition revue et corrigée sur l'édition originale de 1783...*, Amsterdam, Aug. Brancart, 1890, p. 28.

20 F. Redi, *Esperienze intorno a diverse cose naturali e particolarmente a quelle che ci son portate dall'Indie*, cit., p. 279.

21 *Ibid.*, p. 280.

22 F. Redi, *Sei odi inedite di F.R.*, Bologna, Romagnoli, 1864, p. 15.

23 [La Mothe le Vayer], *Cinq dialogues faits à l'imitation des Anciens*, cit., p. 123.

24 *Ibid.*

25 Cfr. Giuseppe Brofferio, *Cenno medico sull'uso della vipera e sopra un suo straordinario effetto*, Torino, Tipografia Chirio e Mina, 1822.

26 Giambattista Morgagni, *Consulti medici*, a cura di E. Benassi, Bologna, Cappelli, 1935, p. 38.

27 F. Redi, *Consulti medici*, Torino, Boringhieri, 1958, p. 41.

28 *Ibid.*, p. 57.

29 F. Redi, *Osservazioni intorno alle vipere*, in *Opuscoli di storia naturale*, cit., pp. 40-41.

30 *Ibid.*, p. 41.

31 *Ibid.*

32 *Ibid.*

Erano ormai scomparsi i buffoni che nei conviti del '500 e del '600 «coi suoi giochi et facezie tenevano ciascuno in festa».[1] Sempre meno graditi i «profumi grossi», obsolete e ormai sconosciute le «palle odorifere piene di ocelli vivi con circuli triunfali... formati di pasta di profumi magnifici e preziosi»;[2] abolite nei pranzi e nelle cene le ondate di «fragranti odori» che «sotto alle tavole e per ciascun commensale» in «eccessiva copia»[3] stordivano con i loro vertiginosi effluvi. Rinascimento e barocco si allontanavano rapidamente dalla scena settecentesca. Il palato nuovo, squisito e delicato, vuole un naso nuovo, odori diversi, fragranze più intime e ovattate. Aromi femminili, profumi morbidi, aeree essenze vegetali. I sentori pungenti, animali e maschili, lo zibetto, l'ambra, il muschio che impregnavano l'atmosfera barocca, vengono respinti quasi con disgusto. Fin dai primi decenni del Settecento, la «donna di garbo» in «sentir l'ambra» fa

la bocca storta,
e dirà la matrice se la infiamma.
Un'altra pur vedrai che parrà morta
al gustar d'un confetto che è muschiato,
né dallo sfinimento pria risorta
sarà, che piscio fradicio stillato,
sal volatile detto in cifra medica,
vengale offerto al naso delicato.[4]

Nella fragile «immaginazione delle dame e dei convulsionari» l'«odor forte» poteva provocare «svenimenti odorosi».[5] Le boccette di essenze, di sali e di spiriti, accompagnavano immancabilmente le dame squisite, facili alle palpitazioni e ai vapori, facilissime agli svenimenti. L'«aura convulsiva» diventa, nel mondo femminile, la malattia sociale più alla moda, prendendo a poco a poco il posto della ipocondria secentesca. Per creature tanto sensibili e disappetenti occorrevano diete leggere, carezzevoli, voluttuose, morbide e dolci. La pasticceria, la confetteria, la credenza conoscono anni di inaudite e inarrivabili raffinatezze. L'ostracismo dato alle carni «viscide e pesanti» si accompagnava a quello riservato a qualsiasi «cibo d'odor forte»: formaggio, cavolo, aglio, cipolla. Ad Alessandro Verri perfino un mazzo di fiori d'arancio fece provare, un giorno del 1769, «nausea».

L'«odor forte di cedro nella manteca» poteva produrre consimili effetti e c'era perfino chi per poco non sveniva «a veder non che a odorare le mele».[6] Un rifiuto tanto perentorio dei sentori acri e violenti e dei gusti troppo marcati («l'odore», scriveva Alessandro Verri, «mi sembra un gusto, ossia sapore, diminuito»),[7] nasceva non solo dalla necessità di preservare il palato dall'ottundimento provocato da essenze violente sprigionate da gusti forti e dal desiderio di riservarlo a sensazioni e a «piaceri più dilicati», ma anche dalla convenienza (od obbligo) di evitare che certi acri effluvi e certe basse esalazioni turbassero con sconvenienti messaggi olfattivi le ore postprandiali sacre alla conversazione mondana, ai rapporti ravvicinati, ai giuochi di società e, in generale, alla vita di relazione all'interno di un mondo salottiero e galante nel quale la dama stava interpretando un ruolo di primadonna di grande rilievo. La discriminazione nei confronti dei cibi ritenuti volgari diventa sempre più marcata e lo snobismo aristocratico sempre più accentuato. Quanto ancora sopravviveva dell'interclassismo vittuario della vecchia società d'impronta feudale viene ora rigorosamente abolito. La dieta del bel mondo si erge come una barriera in più nei confronti dell'altro mondo, plebeo e popolano e borghese, un dispositivo di rafforzamento delle frontiere dello status privilegiato. Il disgusto verso certi odori sociali si accompagna alla nascita delle prime razionali e programmate campagne di igiene urbana e di deodorizzazione, mentre il confine fra gli ambienti sociali tende sempre più nettamente a passare attraverso una rigorosa frontiera olfattiva.

Una storia «sociale» dell'olfatto che non passi attraverso il filtro degli odori alimentari, che non metta il naso nelle cucine, rischia di scivolare verso l'astrattezza ideologica dei *philosophes* sensisti. La controversa fortuna del formaggio, ad esempio, appartiene più alla storia degli odori che a quella, pur parallela, dei sapori. «Sin ora si è fatto troppo poco per il naso, mentre si è fatto anche troppo per la bocca... Dagli odori ai sapori non v'è che un piccolo passaggio...»,[8] osservava Cesare Beccaria mentre meditava, scherzosamente, di preparare tre volumi in folio di *Elementa naseologiae methodo mathematica demonstrata*. «Coltivare il corpo» e trascurare i «piaceri dell'odorato» gli appariva un segno d'imperdonabile barbarie.

Gli antichi — notava con rincrescimento — n'erano più ghiotti di noi, e quei vecchi Romani, maestri ugualmente di virtù che di piaceri alle altre nazioni, ne facevano grand'uso ne' loro conviti, ne' loro bagni e ne' loro ipocausti, e ne accarezzavano e ristoravano i corpi esercitati a sudare nelle palestre. I nostri antichi mobili, che sanno ancora di muschio, ci fanno vedere il senno de' nostri padri.

Ma ora, con grave scandalo de' buoni, tra cento parrucchieri, che infarinano e sudiciano di sogna schiffosamente le teste di questa vasta capitale, appena si vedono due profumieri, che ne ristorino i nasi; mentre, dovunque io volga gli occhi, non veggo che latrine aperte, né si pensa a riparar la puzza che
> Aequo pulsat pede pauperum tabernas
> Regumque turres.

Sono pure i piaceri odorosi così innocenti, che io non trovo alcuna setta o religione, che gli abbia condannati, né fra le severe instituzioni dei cenobiti alcuna ve n'ha, che imponga voto di castità agli odori... Sarei ben fortunato se potessi convertire questi eretici della voluttà alle geniali conversazioni ed alle toelette d'una dama.[9]

La strategia tesa a debellare la «immondezza» e a «rimbalsamare l'aria infestata dalle esalazioni»[10] è parallela alla riforma della cucina delle élites nella quale fermenta una deliberata volontà di rottura nei confronti di quella del passato, in serrata polemica con la storia, le tradizioni, gli atteggiamenti mentali e i pregiudizi dei «secoli rozzi» e dei «vecchi tempi» (Muratori). I codici alimentari della cultura illuminata rispecchiano l'accelerato ricambio mentale di una società in movimento che prende risolutamente le distanze dal gusto e dalla cultura delle generazioni precedenti.

L'evoluzione del gusto, però, non è mai improvvisa. Viene da lontano, preparata lentamente, anno dopo anno, dall'inarrestabile dipanarsi del grande gomitolo del tempo. Consistenti infiltrazioni di modi provenienti dalla Francia sono avvertibili nella Toscana degli ultimi decenni del XVII secolo. A Firenze il marchese Francesco Riccardi che aveva già al suo servizio un «credenziere franzese» lo segnalava nel giugno del 1690 all'attenzione del Granduca il quale, prudentemente, temporeggiava nell'assunzione volendo prima sperimentarne le qualità. Mediatore fra la Corte e la nobiltà, Francesco Redi, abilissimo negoziatore nonché impareggiabile conoscitore di sciroppi e giulebbi, avvertiva il marchese Riccardi che Cosimo III avrebbe avuto

caro che il suo nuovo credenziere gli faccia una piccola porcellana di quelle frutte giulebbate che chiamano *compots*, delle quali si ragionava questa mattina, che saranno volentieri assaggiate da S.A.S. ma che per ora non faccia altro, perché riserba ad assaggiar tutte le altre buone cose, che egli sa manipolare, alloraquando questa state V.S. Illustrissima farà quella sua solita e cotanto sontuosa merendona per la festa di S. Margherita.[11]

Si adotta anche in Italia il «servizio alla francese» (che peraltro era già entrato alla corte medicea di Cosimo III, consorte infelice di Margherita Luisa d'Orléans); si colloca il *surtout* al centro della tavola, diventa indispensabile il *dessert*, il coperto (*le couvert*) si personalizza.

Il gusto delle dame di «buon garbo» esige voluttuose consolazioni e un raffinato corredo di leggiadre suppellettili. Cristalli, porcellane finissime, chicchere, sorbettiere, caffettiere, tazzine, boccette, argenti e smalti, scatolette e tondini accompagnano i nuovi rituali del caffè, del tè, del cioccolato, dei sorbetti, dei rosoli, delle pasticche e del «pastigliaggio» colorato, dei polvigli, dei biscotti e dei biscottini, dei confortini, delle composte, delle conserve di rose e di viole, delle mezze paste, delle clarette (una «specie di pasta di frutti trasparente che si potrebbero piuttosto chiamare gelatine secche benché si servano ancora come le gelatine naturali in giarette di cristallo, da presentare in piccoli bicchieri di vetro senza piede o in scatole foderate di carta sottile»),[12] di glasse e di geli, di canditi, dei marzapane, delle spume, delle meringhe, delle pignoccate, delle cialde, dei maritozzi glassati, delle ciambellette perlinate, delle ciambellette glassate, delle conserve secche, liquide, reali, di confetti (i diavoletti alla cioccolata, i diavoloni), dei «grigliaggi», delle perline, dei fiori canditi, dei fiori e dei frutti artificiali («filetti di cedrato brillantati», «gelsomini, viole, giacinti e giunchigli brillantati»), dei caramelli, del latte-miele, delle bombe spongate, delle «marenghe», delle creme, degli sciroppi delicatissimi come quello al capelvenere, o delle «granite di giunchigli».

In una tavola che tende a convertire in raffinatezza ed eleganza ciò che perde in abbondanza ed opulenza, il senso della vista acquista un posto privilegiato: la mensa deve offrire un colpo d'occhio d'alta qualità. La tendenza all'ingentilimento dell'apparecchio e a un'aggraziata miniaturizzazione delle suppellettili, parallela alla moda dei *petits soupers*, si esprime nel rimpicciolimento del vasellame e dei piatti, spesso ridotti a «tondini», nel *couvert* fortemente personalizzato, nel centro tavola (il *surtout*) a svariati soggetti ma con una netta preferenza per il tempio costruito in zucchero *massé* (cotto a 125 gradi e lavorato a spatola), nel *dessert* scenografico edificato sopra un ampio zoccolo *en pastillage* («mélange de gomme adragante, de sucre glacé, d'amidon et de citron»), nei vasi di fiori modellati con pasta di mandorle. *Décors éphémères*, labili capolavori d'arte decorativa creati da maestri di pasticceria geniali e inventivi che dovevano essere contemporaneamente pittori, disegnatori, modellatori, architetti, scultori, fioristi. Spesso queste monumentali composizioni, questi arabescati *tableaux* richiedevano 400 ore di lavoro, un quintale di zucchero e quindici chili di pasta mandorlata. E mani di artisti virtuosi, inventori capricciosi di «fabbriche», parchi all'inglese, giardini alla francese, statue, vasi, getti d'acqua alimentati da una macchina idraulica nascosta all'interno, quadri delle quattro stagioni che si alternavano, muovendosi sullo zoccolo, come i tempi d'una sinfonia, passando da un paesaggio invernale (all'inizio del pranzo) a una scena primaverile e poi all'estate, a mano a mano che il caldo aumentava, per sciogliersi lentamente, liquefarsi e finire nel nulla.

Concerti zuccherini che si vedevano e si sentivano svanire sulle note di un'orchestra d'archi, tremuli e cascanti come una musica sull'acqua.

È il trionfo dell'arte della credenza, «nella quale regna tanto il gusto» quanto la «delicatezza e l'odorato. Ella forma il più bel colpo d'occhio», scriveva il massimo teorico-pratico di questa raffinata appendice della cucina, «di una tavola ben imbandita. Dopo le vivande della cucina, questa serve di delizia, di passatempo e di ricreazione in una magnifica e sontuosa mensa».[13]

«Sono diversi anni», osservava Francesco Leonardi nel 1807, «che quest'arte ha fatto in Italia i progressi più rapidi, e potrà giungere alla sua perfezione mediante il genio, i talenti e le felici immaginazioni degli artisti».[14]

Io non parlo de' lavori di forno e di cazzarola, mentre in questi i Francesi ci hanno di molto superato e che noi abbiamo imitato e procurato di perfezionare; ma questa non è che una semplice restituzione, imperocché da due secoli e mezzo indietro essi hanno ricevuto da noi i primi elementi del buon gusto e della delicatezza sul modo di servire le loro tavole... I Francesi, per altro pieni di genio, di talento, di meccanismo e di una viva e fervida immaginazione, non solo ci hanno sorpassato nell'arte della cucina ed in una buona parte di quella di credenza (*office*); ma di più in tante altre scienze ed arti brillanti che formano e formeranno sempre l'elogio della nazione francese.[15]

Il riconoscimento della superiore qualità e dell'egemonia francesi nel «buon gusto» e nella «delicatezza» della scienza di gola si accompagna tuttavia alla consapevolezza orgogliosa che «quest'arte ha fatto in Italia i progressi più rapidi».[16]

Non vi è che osservare la *composizione de' liquori fini da tavola*, giunti ad un punto che difficilmente si potrà superare; e la *manipolazione e variazione de' sorbetti gelati*. Ecco due oggetti di lusso, di delicatezza, e di gusto che portano il vanto in tutta l'Europa. *Liqueurs d'Italie, glaces à l'italienne*, dicono i popoli delle nazioni straniere. La Toscana è rinomata per i *liquori* e Napoli per i *gelati*. Benché in Roma, Bologna e Torino vi siano de' fabbricanti di liquori che non la cedono a quelli di Firenze e Livorno; come è lo stesso in ordine ai gelati; mentre in Roma e Milano vi sono degli artisti che molti credono, per il gusto preciso e ben combinato de' loro *sorbetti gelati*, che siano superiori a quelli di Napoli, i quali passano presso di loro per essere troppo dominati dal zucchero.[17]

Si allineavano sulla credenza, accanto ai dolci e ai sorbetti, i liquori da tavola, vanto della spezieria italiana (da cui discende la liquoreria moderna), divisi in quattro classi principali:

i liquori fatti per *distillazione*, i liquori fatti per *infusione* e *distillazione* ed i liquori fatti coi *sughi depurati dei frutti*. Comprendono queste quattro classi, tanto i *rosoli* che le *rattafie*. Tutti questi liquori possono essere semplici o composti di vari ingredienti. Si possono definire i rosoli e le rattafie come liquori inzuccherati e aromatizzati, fatti per soddisfare il gusto e l'odorato...[18] La composizione de' liquori fini da tavola dipende moltissimo dal genio e buon gusto dell'artista; imperocché può fare egli un buon numero di esperienze sopra a ciascuno oggetto che gli presenta all'immaginazione; egli può riunire diversi liquori insieme e formarne delle felici combinazioni: esse possono spargere molto lume sulla fisica degli odori e dei sapori e procurare ai voluttuosi e delicati, de' nuovi liquori da sodisfarli. Codeste teoriche ricerche a troppo lunghi dettagli m'impegnarebbero — scriveva il moderno Apicio che fu «cuoco particolare e scalco di sua Maestà Caterina» a Pietroburgo —. Mi contenterò dunque di esporre il piano metodico ed esperimentale, che si può pratticare in questa materia di lusso e di piacere per la tavola.[19]

E così, mettendo a disposizione dei «voluttuosi e delicati» il «lume» della «fisica degli odori e dei sapori», l'infaticabile periegeta della cucina e della credenza, autore della romanzesca introduzione a *Gianina ossia la cuciniera delle Alpi* (1817), trovò tempo per riempire, fra un servizio e l'altro, undici volumi di ricette. Aprendo per sovrappiù la sua credenza scintillante agli amatori del lusso e del piacere (le parole chiave dell'edonismo e della filosofia morale profana settecentesca), sciorina quarantasei varietà di rosoli, ventidue di rattafie, trentotto di sciroppi, settantaquattro di bibite o bevande «parte acetose, parte lattecinose e parte di semplici frutti e fiori [che] si usano moltissimo nella calda stagione... infinitamente rinfrescative ed umettanti» e, come la «limonada, l'agro di cedro, l'aranciata, la granita, lo sciroppo acetoso, l'ossimele, l'ossicrate ecc., allungate con molt'acqua fresca o in neve, eccettuato l'ossicrate, sono di gran sollievo nelle febbri putride, maligne, infiammatorie».[20]

NOTE

1 Paolo Palliolo Fanese, *Le feste pel conferimento del patriziato romano a Giuliano e Lorenzo de' Medici*, a cura di O. Guerrini, Bologna, Romagnoli, 1885. Si cita da G. Mazzoni, «Un convito solenne», nel vol. *In biblioteca. Appunti*, Bologna, Zanichelli, 1886, p. 271.
2 *Ibid.*, p. 272.
3 *Ibid.*, p. 275.
4 Versi di Giovanni Gerolamo Pazzi cit. da L. Valmaggi, *I cicisbei. Contributo alla storia del costume italiano nel sec. XVIII*, opera postuma con prefazione e a cura di L. Piccioni, Torino, Chiantore, 1927, p. 171.
5 *Carteggio di Pietro e di Alessandro Verri*, cit., Milano, 1910, vol. II, p. 322.

6 *Ibid.*
7 *Ibid.*
8 Cesare Beccaria, *Frammento sugli odori*, in *Il Caffè*, a cura di S. Romagnoli, Milano, Feltrinelli, 1960, p. 37.
9 *Ibid.*, pp. 33-34.
10 *Ibid.*
11 Francesco Redi, *Lettere di F.R. Patrizio aretino*, cit., vol. II, p. 393.
12 Francesco Leonardi, *Apicio moderno ossia l'arte del credenziere*, Roma, Stamperia del Giunchi, presso Carlo Mordacchini, 1807, t. II, p. 83.
13 *Ibid.*, t. I, p. 3.
14 *Ibid.*, p. 3.
15 *Ibid.*, pp. 4-5.
16 *Ibid.*, p. 3.
17 *Ibid.*, pp. 3-4.
18 *Ibid.*, p. 23.
19 *Ibid.*, pp. 25-26.
20 *Ibid.*, p. 150.

Strumento delle «delizie algenti» era da non pochi anni la sorbettiera, d'argento o dorata, urna delle «nevi odorose», scrigno di «congelati umori» e di «gelidi tesori».[1] Nell'alidore dell'estate, nella calura dei giorni canicolari, spuntava, appannata di brine, a consolare la vista con la promessa di «mille diverse dolcezze». Il sorbetto al cioccolato si trasformava in un «sacro di fresca vita almo elisire».[2] Impreziosito dalla vaniglia, dalla scorza d'arancio, da gocce di gelsomino distillato, il cioccolato *in garapegna* scendeva dalle labbra a consolare gli spiriti, a dare sollievo al sangue quasi cagliato e rappreso nei surriscaldati polmoni, infiammati dal soffio implacabile dell'agosto, mese «distillator di vive carni».

Su feretro trionfale
Tutto d'erbe e fiori ornato
Suso in alto sia levato
Quel fornello glaciale:
Quell'argento smisurato,
Che nel suo gelido seno
Fresco serba e vivo appieno
Un autunno sorbettato.[3]

Per diletto delle merende galanti e per «gran gioia delle cene», il «miracolo del gielo» faceva salire dalla «gentil vorago»

Spume, nevi, alme gragnuole,
Alterate di viole,
Candidissime lattate.
Quel superbo cioccolate,
Quel terror del crudo inverno,
Or mercè d'aspro governo
Fatto vezzo della state.[4]

La «manna occidentale ghiacciata» nei «giorni ardenti» dischiudeva spiragli preziosi, accendeva estasi odorose alimentate dalla sua composta, esotica fragranza, di «doppio odore asperso»: di vaniglia («dell'indiche culture / la più odorosa figlia») e d'«odorata scorza» di «arancio illustre», «onde si sforza farsi ricca Toscana».[5]

Nell'appressarti a i labbri
La mistica ricchissima bevanda
Oh che fragranza, Nise!
Fragranza alta, ineffabile, ammiranda,
Né sol fragranza all'odorato, all'alma.
È odore, è cibo, è vita, è gloria, è vena,
Vena perenne, sempre mai durabile,
Fresca, soave, limpida, serena
Di una beata eternità potabile.[6]

Questa «beata eternità potabile» che estasiava il conte Magalotti, era il dolce elisir al cacao che «questo benedetto Nuovo Mondo»[7] aveva donato alla vecchia Europa per ammorbidire e raffinare il gusto assuefatto da secoli alle droghe pungenti provenienti dal Levante. Liquido provvidenziale che l'Occidente barbaro inoculava nelle vene dei voluttuosi Europei.

Non sì tosto hai rovesciato
Giù nel petto a piena mano
Quel perlato
Quel gemmato
Bel giulebbo americano;

Non sì tosto in sen ti guazza
Quella manna occidentale,
Che ti netta, che ti spazza
Di ogni cura aspra e mortale.
E mentre vanne in volta
E per le vene e per l'arterie svicola,
Confusa e mista alla vermiglia salsa,
Ch'or sua mercè corre allungata e sciolta,
Chi ti rammenta più Sole o Canicola?[8]

Il nuovo tesoro messicano riversava dalla sua inesauribile cornucopia polveri paradisiache, giulebbi sognanti, polvigli peregrini. Delizie tropicali. Dalle «indiche culture», da Pernambuco e da Baya, da Panama e da Santa Fè, da Soconosco e da

Cartagena, dal Brasile, dal Guatemala, dal Messico partivano meraviglie mai sperimentate che, unite a quelle di Oriente, formavano un «gemino tesoro». Dall'India il «divino calambucco», il sandalo, la cannella, dall'Estremo Oriente il tè e il casciù; da Ponente la vaniglia, la «gomma del Perù», il balsamo di Tolù, la quinquina (la china aromatica), ma soprattutto il «bitume prezioso», l'«indico magistero, onde 'l palato / state e verno è beato», il nero cioccolato, «quel che staccia al Tago in riva / la vestale in Santa Chiara / gran polviglio...»; il «nerissimo polviglio» che attendeva per essere conciato «mustio in grana a carrettate, / di bezoar lastri per once, / nero balsamo a bigonce, / ambra grigia a tonnellate».

> Tu ti senti per le vene
> Correr proprio un ventilabro,
> Qual se zeffiro dal labro
> Vi soffiasse a gote piene:
> Ed in soffiare v'alitasse tutte
> Le droghe di Ponente da mattina:
> Balsami, bezoari, e fuse, e strutte
> Lacrime di ricchissima cuincuina:
> Socunusco onde ricco è Guatimala.
> Né sol del suo Ponente,
> Ma quel se avesse attratto
> Col respirar possente
> Tutti quanti ad un tratto
> Dell'Aurora i profumi,
> Delle meschite e de' serragli i fiumi,
> E ragunato nel polmon gentile,
> Come in un bel tamburlanetto d'oro,
> Lambiccato v'avesse in nuovo stile
> Delle due plaghe il gemino tesoro...[9]

I «folletti profumieri»[10] in questo gran sabba degli aromi incrociati d'Oriente e d'Occidente, in questa gran giostra dei sensi dell'ultimo barocco («Tesori di Molucca, Arabi odori», scriveva nella *Donna immaginaria* il vecchio dandy fiorentino), correvano l'ultima loro folle sarabanda. «Buon pane, buon vino, buone frutte, buon'aria, questi, diceva il Gran Duca Ferdinando, sono i tesori delle nostre zone temperate: l'argento, l'oro, le perle, e l'altre gioie, queste sono toccate alla torrida... Lo scherzoso, il grazioso, il gentile, il salubre, il ricreativo, queste sono le prerogative delle terre della nostra Europa. Il nobile, il ricco, l'aromatico, il maestoso, l'indistinto, il vitale, il mirabile, questi sono toccati a quelle d'America».[11]

Tutto ciò che era indigeno, tutto ciò che veniva coltivato nei giardini, negli orti, nei campi d'Italia o che spontaneamente vi cresceva, sembrava aver perduto il potere d'attrarre:

> Val bene un tesor
> Val bene un Perù,
> Se vien dal Tolù,
> Se vien dal Mogor.[12]

Anche la rosa era entrata nel suo cono d'ombra. In un declinante meriggio continuava inutilmente a fiorire. Troppo usuale, sorpassato, leggermente volgare ne sembrava il profumo. Il suo antico, emblematico fascino pareva essere svanito:

> Perché fa su 'l suo paese
> Ora più niun l'accarezza,
> E 'l disprezza
> Non ch'un Principe, un Marchese,
> E gli pute ogni fragranza
> Se non sa di lontananza.[13]

Sembra destino degli effimeri fiori, conoscere lo sfavillio di rapide albe e la malinconia di altrettanto subitanei tramonti. La Francia che verso la metà del Seicento aveva scoperto le meraviglie del capelvenere, nel Settecento lo aveva già dimenticato per l'esotico calicanto, originario della Florida, ribattezzato «le Pompadour» dal titolo acquisito da una oscura, disinvolta plebea che lo aveva usato come magico talismano olfattivo per sedurre il re di Francia. Maria Antonietta, meno fortunata, lanciò nel bel mondo di Versailles la moda, del tutto transeunte, del fiore della patata. Così fu anche per la tuberosa.

La stessa sorte coinvolse in Italia le gracili fortune del gelsomino detronizzato dalla madreselva. Il nostrano cadde in disuso, sconfitto da quello di Catalogna, apprezzato soprattutto nella rara varietà detta del *Gimè*. Ma nessun gelsomino di Catalogna poté competere con quello indiano, il *Jasminum sambac*, conosciuto anche come «Mogorium goaense». Da Goa infatti arrivò a Palazzo Pitti in un giorno felice del 1688, passando attraverso il Portogallo, dono gentile del sovrano lusitano desideroso di consolare l'ipocondriaco Cosimo della perdita di alcuni esemplari che dall'India un padre teatino aveva tentato di fargli arrivare, senza fortuna, perché la nave era naufragata. Il Signore di Toscana se ne invaghì a tal punto che lo fece custodire gelosamente nella villa di Castello proibendo rigorosamente a chicchessia di farne innesti, trapianti, margotte. L'amore esclusivo per questo frutice da parte del Sire d'Etruria che — a detta degli ambasciatori accreditati a Palazzo Pitti — «non appetiva la consorte»[14] e «non si vide mai ridere»[15] — gli meritò il soprannome di «gelsomino del Granduca». Di questa rarissima e per più di un secolo intoccabile pianticella (soltanto Pietro Leopoldo alla fine del Settecento ne liberalizzò i trapianti) dal cui fiore usciva un ineguagliabile profumo («'l respiro del tuo seno / è veleno / alla gloria d'ogni fiore»),[16] Magalotti riuscì a mandare alla regina Anna d'Inghilterra un esemplare. Secco però, per non oltraggiare la morbosa passione che Cosimo nutriva verso il «mogarino stradoppio detto del cuore».

Questo principe nemico del vizio, di «meravigliosa continenza»,[17] appassionato di cosmografia, di geometria (come tutti gli ultimi Medici), di astronomia, di botanica, di agrumicoltura e di pomologia, che solo inclinava «a soverchiamente cibarsi»,[18] «cupo» perché sofferente di «affezione melanconica»,[19] dedito a esercizi di devozione continui, a «penitenze ed astinenze»[20] (la «piccola intemperanza nel cibo»[21] era una insignificante debolezza, un necessario surrogato alla carenza d'affetto uxorio), s'innamorò perdutamente di un fiore. Detestava la moglie, la bella, vivace, frizzante Margherita Luisa d'Orléans, nipote del Re Sole, «tutta galanteria»,[22] che non volendo rinunciare a «vivere alla francese»,[23] si compiaceva «di canti, balli e cacce».[24] La «serenissima sposa» che meditava, nei suoi non troppo frequenti momenti di disperazione, di «rinserrarsi in Francia in un monastero», piuttosto che «regnar in Firenze col gran duca»,[25] si consolava come meglio poteva, «ma soprattutto di far merende».[26] Nata nel Seicento, questa moda di far colazione sull'erba diventò uno degli atti fondamentali della vita galante settecentesca, insieme ai «petits soupers» e alle feste campestri in un mondo illeggiadrito dalle pastorellerie arcadiche.

Per merendare sull'erba nessun boccone era preferibile alla frittata. In Toscana le più gradite erano quelle (poco arcadiche per la verità) di «granelli», di testicoli di agnello o di altri meno amabili e mansueti quadrupedi. Nella sua *Merenda* il maturo

Magalotti — passato dal Cimento alla Crusca e infine all'Arcadia — invitava la «pastorella» Nise a «contentar la fame» friggendo nel lardo una bella padellata di testicoli: «di mille agnelli a contentar tua fame / ucciso in fasce in incavato rame / negli abortivi semi un fritto armento».[27] Pare tuttavia che il conte esagerasse. In una lettera mandata a Leone Strozzi nella primavera del 1694 si rammaricava infatti che «i granelli e le frittate nelle merende di questa stagione... quando compariscono in tavola, non son guardate in viso».[28] Se la «Serenissima Padrona» si fosse degnata di recarsi a merendare nel suo «orto», si sarebbe ben guardato d'offrirle (come avrebbe voluto fare il suo cameriere con certe signore) un «panlavato di cacciù» (cioè fette di pane abbrustolito dopo essere stato immerso nell'acqua e condito con sugo della mimosa del *catechù*), ma le avrebbe presentato una frittata di uova fresche (la classica, sottilissima frittata alla fiorentina), del «buon prosciutto del Casentino» e, come galanteria, un panlavato con «buon moscadello, con di molto zucchero sopra, e di molto diaccio sotto».[29] Sarebbe stato un «regalo buttato via» offrire a persone (anche di qualità e d'alto rango) delizie che solo i grandi voluttuosi, dal naso perfettamente educato, avrebbero potuto apprezzare. Raffinatezza sprecata mettere a bollire «in un bucchero della Maya, con dell'acqua di Cordova, quattro o sei rottami di bucchero di Guadalaxara, tenuti a profumare tutto l'anno in una pelle d'ambra, con un danaro di lacrima di quinquina». E, dal momento che «a questa gente il maggior regalo non consiste nell'odore» ma «nel far loro l'onore di mostrare di credere che si dilettino d'odori,[30] qualsiasi guazzabuglio profumato poteva andar bene: «per loro ogni cosa è buona». Invece di sprecare materiali rari e costosi era consigliabile preparare per «questi nostri Tartari domestici» qualcosa di meno eccelso affidandosi a un *recipe* da pochi soldi «una scorza d'arancio vota, con un poco di belgioino pesto, due garofani acciaccati, uno stecco di cannella, copri il tutto con acqua rosa secondo l'arte, e metti a bollire sul braciere».[31] Per un *tête-à-tête* sull'erba una fragrante frittata di fiori d'arancio poteva essere il boccone ideale, una «strafizeca», una ghiottoneria facile a prepararsi, di poco costo, semplice eppur accattivante. In nessun modo volgare.

Che faremo? Uh, mi sovviene
Una concia di frittate,
S'io non erro, buona bene:
Odi, Nise, se fian grate.
La ricetta batte in poco,
E la spesa è molto lieve,
Uova, burro, sale, e foco:
La faccenda è breve breve.
Quel che v'è di strafizeca,
Si riduce a poca cosa:
Pur se Amore non m'accieca,
Ella parmi appetitosa.
Poiché l'uova hai dimenato,
Bene ben secondo l'arte,
Fior d'arancio spicciolato,
Che farai d'aver da parte,
Metti giù nel pentolino...[32]

Ma in una merenda veramente galante (a parte l'«ambra di Canaria o di Tersera», l'«unghero Tokay», il Frontignac e il «profumato in pesche a Baccarac») non poteva mancare la sorbettiera. In campagna «pel fresco, / ma testa a testa, / in gioia, e in festa, / Picciolo avremo, ma gentil rinfresco. / Sotto un cerro, ch'un si perde, / tanto è grande e smisurato, / sopra un masso foderato / d'una felpa verde verde», doveva troneggiare una

sorbettiera ampia dorata
in superba maestà,
in quel mezzo sederà
nel di fuor tutta appannata.[33]

Quando la dama l'avesse aperta vi avrebbe trovato

Quattro libbre di fravole buon dì
Grosse una grossa noce, e forse più,
Lavate in acqua d'ambra, e in rosolì
Del più odoroso, che giammai vi fu;
Poscia affogate intorno al far del dì
Dentro a capo di latte, e poste giù
A fare una potrida, che il Sofi,
Se fosse suo, la pagheria un Perù.[34]

Fosse per «divertimento della caccia» o per «regalo delle tavole»,[35] nuove specie animali erano entrate in Italia a incrementare le riserve principesche.

Io a' miei giorni ho veduto venire in Toscana — scriveva Magalotti al suo immaginario corrispondente «ateista» nel 1683 — pavoni bianchi, fagiani bianchi, galline di faraone, pernici di Corsica, francolini, e di questi in particolare, che trent'anni fa non ve n'era se non pochissimi in una sola bandita, in oggi vi son più bandite, il forte delle quali consiste ne' francolini. Così i daini bianchi e i neri, i conigli bigi, e i neri...[36]

Per passatempo delle dame, per appagare la «svogliatura» femminile (il termine aveva iniziato a circolare nella generazione postgalileiana e già Evangelista Torricelli aveva parlato di «svogliatura» e di «Europa svogliata» prima ancora che Magalotti, oltre che sulla languidezza dello spirito, tornasse ripetutamente sulla «svogliatura e l'ipocondria della gola»: su quella «svogliata moderna scalcheria» sempre più diffusa in anni nei quali la crisi della coscienza europea si faceva sentire anche nella crisi della cucina, dell'appetito antico, del gusto postrinascimentale), erano stati importati i «cani moscati di Pollonia, e tanti altri nuovi stranissimi innesti di piccoli cagniuoli *de estrado*, introdotti cred'io in natura, dalla svogliata curiosità delle nostre dame».[37]

Dalle piantagioni americane e in particolare dalle isole del Mar dei Caraibi affluivano in gran copia gli zuccheri «multiplicati così prodigiosamente dagl'Inglesi nell'isole della Giamaica, di Barbados, di Nevis, di San Cristofano, d'Antigle, di Menserat...».[38] I settecenteschi inni allo zucchero e l'apogeo dell'arte di lavorarlo furono resi possibili dal flusso continuo di zucchero di canna, dalla nuova via dello zucchero che ne abbassò i costi, sostituendo parzialmente l'uso antico del miele e dei fichi. Provenienti dalle terre del Nuovo Mondo incominciarono a essere coltivati in serre e giardini anche «tanti fiori e frutti stranieri, de' quali», notava Magalotti nel 1683, «vediamo in oggi ripiena la nostra Italia».[39] Tanta affluenza di nuove essenze s'incontrò con l'arte degli innesti coltivata dalla «mirabile malinconia de' fioristi e degli agricoltori cavalieri».[40] Specialmente nella Toscana medicea dove non raramente anche i granduchi e i principi erano «filosofi naturali», appassionati osservatori dell'ordine naturale e avidi di meraviglie vegetali. L'antica «arte di far nesti»,[41] «vera manifattura dell'arte»,[42] riusciva spesso a far nascere eccentriche stravaganze botaniche, «piante di bizzarria», «pregio e stupor de' giardini Etruschi»,[43] delle quali era difficile chiarire fino a che punto fossero «vero e legittimo parto della natura», oppure un ibrido deviante frutto «concepito... d'adulterio dall'artifizio umano».[44] Incertezza destò la nascita imprevedibile del cedrarancio, che spuntò in un giorno del 1640 nel giardino suburbano della Torre degli Agli, proprietà del bizzarro canonico fiorentino Lorenzo Panciatichi, cruscante esemplare, autore di versi ditirambici e di estrose «cicalate», intimo di Magalotti, che finì i suoi giorni nell'estate del 1676 (vittima di un eccesso malinconico) buttandosi in un pozzo. «Pomo ermafrodito»,[45] metà limone e metà arancio, non fu facile accertare l'esatta paternità di questa «bizzarria». Carlo Roberto Dati che mise in versi e in prosa l'avvenimento, nel suo genere memorabile, si chiedeva se quel «vago mostro»[46] fosse «un capriccio dell'arte o della natura o, per dir meglio, della fortuna».[47] Magalotti, amico e di Dati e di Panciatichi, non nutriva, invece, dubbi che fosse stato il giardiniere a congegnare insieme «o fossero i semi, o le mazze dell'arancio, del limone e del cedrato, perché ne scoppiasse una vermena abile a produrre tutti e tre questi pomi ognuno da per sé, e poi un pomo sterzato di tutti e tre insieme».[48]

Il gusto del raro, del bizzarro, del mostruoso eccedente il geometrico ordine della natura, spingeva i collezionisti a fissare sulle tele gli insoliti parti della misteriosa *vis genitiva* che, deviando, produceva aberranti creazioni. Operosi fin dal tempo di Cosimo I, numerosi «fioranti» e «fruttanti» continuarono, di generazione in generazione, a dipingere e le ricchezze della toscana Pomona e le bizzarrie incontrollate che meravigliavano gli occhi dei gentiluomini floricoltori e agricoltori. Magalotti, che negli anni del principe Leopoldo era stato soprintendente medievale al «museo delle cose naturali» e che per il medesimo principe aveva osservato e descritto con attenzione sottile al limite del morboso il notturno respiro, gli aliti odorosi e la «maravigliosa stravaganza» del *Pelargonium triste, sive indicum*, aveva la casa fiorentina piena di disegni e pitture naturalistiche (pesci e «nicchi» compresi). Un giorno del 1704, ormai vecchio gli avvenne di aprire certi armadi e di trovarvi dimenticate pitture:

... nel rifrustare le mie guardarobe mi hanno dato negli occhi alcuni ritratti di fiori e di frutte fuori d'ordine — scriveva a Leone Strozzi collezionista a sua volta di buccheri, di conchiglie, di rarità d'ogni genere, di porcellane (le manifatture medicee avevano tentato anche di riprodurre quelle cinesi, ma con deludenti esiti) —: per esempio, un giacinto di 136 campanelle, che ebbe il Cardinale Gio. Carlo nel suo giardino di via della Scala, un garofano famoso nato in Fiandra della grandezza d'una peonia, e di più fresco, un mogarino doppio stradoppio, nato due anni sono nel giardino di Castello di sopra 300 foglie, una albicocca nata quest'anno in quello della Vagaloggia di peso di cinque once, e dieci danari, e per ultimo un gelsumino di Catalogna nato negli Orti Magalottiani il mese passato di 17 foglie. Dite se di queste rarità vi fosse cosa, che facesse per voi...[49]

NOTE

1 Lorenzo Magalotti, *Per un sogno avuto di tornare di Fiandra in Italia per le poste nel Sollione*, in *La donna immaginaria*, cit., p. 228.

2 L. Magalotti, *La sorbettiera*, in *Canzonette anacreontiche di Lindoro Elateo*, Firenze, Tartini e Franchi, 1723, p. 35.

3 L. Magalotti, *Trionfo dei buccheri*, in *Lettere odorose di L. M. (1693-1705)*, a cura di E. Falqui, Milano, Bompiani, 1943, p. 305.

4 *Ibid.*, p. 306.

5 L. Magalotti, *La sorbettiera*, cit., p. 34 e p. 35.

6 L. Magalotti, *Regalo d'un finimento di bucchero nero*, in *Lettere odorose*, cit., p. 321.

7 L. Magalotti, *Lettere sopra i buccheri*, cit., p. 108.

8 L. Magalotti, *Regalo d'un finimento di bucchero nero*, cit., pp. 321-22.

9 *Ibid.*, p. 322.

10 L. Magalotti, *Buccheri neri*, in *Lettere odorose*, cit., p. 314.

11 L. Magalotti, *Lettere sopra i buccheri*, cit., p. 95.

12 L. Magalotti, *Il fiore d'arancio. Ditirambo intitolato La Madreselva*, in *Lettere odorose*, cit., p. 327.

13 *Ibid.*, p. 326.

14 *In giro per le Corti d'Europa. Antologia della prosa diplomatica del Seicento italiano*, a cura di E. Falqui, Roma, Colombo, 1949, p. 489.

15 *Ibid.*, p. 488.

16 L. Magalotti, *Sopra il mogarino stradoppio detto del cuore, mandato secco a Londra*, in *Canzonette anacreontiche di Lindoro Elateo*, cit., p. 22.

17 *In giro per le Corti d'Europa*, cit., p. 489.

18 *Ibid.*, p. 488.

19 *Ibid.*

20 *Ibid.*, p. 491.

21 *Ibid.*, p. 490.

22 *Ibid.*, p. 493.

23 *Ibid.*

24 *Ibid.*

25 *Ibid.*, pp. 494-95.

26 *Ibid.*, p. 493.

27 L. Magalotti, *La merenda*, in *Canzonette anacreontiche di Lindoro Elateo*, cit., pp. 62-63.

28 *Lettere del Conte Lorenzo Magalotti Gentiluomo fiorentino*, cit., p. 43.

29 L. Magalotti, *Lettere sopra i buccheri*, cit., p. 342.

30 *Ibid.*

31 *Ibid.*, p. 343.
32 L. Magalotti, *Frittata*, in *Canzonette anacreontiche di Lindoro Elateo*, cit., p. 69.
33 L. Magalotti, *La merenda*, cit., p. 61.
34 *Ibid.*, pp. 61-62.
35 L. Magalotti, *Lettere familiari* [contro l'ateismo], cit., parte I, p. 317.
36 *Ibid.*
37 *Ibid.*
38 *Ibid.*, p. 316.
39 *Ibid.*
40 *Ibid.*, p. 300.
41 *Ibid.*, p. 301.
42 *Ibid.*
43 Carlo Roberto Dati, *Il cedrarancio. Selva*, in *Prose*, a cura di E. Allodoli, Carabba, Lanciano, 1913, p. 102.
44 L. Magalotti, *Lettere familiari* [contro l'ateismo], cit., parte I, pp. 299-300.
45 C.R. Dati, *Il cedrarancio. Veglia*, in *Opere di C.R.D.*, cit., p. 81.
46 C.R. Dati, *Il cedrarancio. Selva*, cit., p. 102.
47 C.R. Dati, *Il cedrarancio. Veglia*, cit., p. 81.
48 L. Magalotti, *Lettere familiari* [contro l'ateismo], cit., parte I, p. 301.
49 *Lettere del Conte Lorenzo Magalotti Gentiluomo fiorentino*, cit., p. 117.

Aranciate e limonate (oltre naturalmente il caffè che, insieme al cioccolato, diventa il liquido emblema della nuova società a due volti, nervosa e pigra, alacre e molle, solerte e voluttuosa, adagiata in tardi risvegli o desta in albe precoci) campeggiano sulla tavola illuminista. Accompagnate da una scelta «botanica del palato»[1] che, accanto a «tutte le erbe e i frutti più saporiti dell'Asia, dell'Affrica e dell'America, e gli asparagi, i poponi, e le lattuche più squisite d'Olanda», faceva contorno alle «uve di Buona-Speranza» e all'«illustre lignaggio degli ananassi».[2] Fra il Sei e il Settecento l'Olanda importa dalle terre d'Oriente e del mar dei Caraibi un inedito campionario di merci sconosciute al vecchio sistema economico ed alimentare. E se il tulipano diventa un po' il fiore simbolico dell'industriosità mercantile batava (in concorrenza con la Compagnia delle Indie inglese), le nuove verdure ibridate, i nuovi frutti, le nuove uve e le nuove erbe con cui preparare sconosciute infusioni penetrano nel mondo aristocratico e borghese d'Europa e d'Italia.

Oggi sono stato a visitare — scriveva Lorenzo Magalotti nel 1705 a Leone Strozzi — una dama, venuta pochi giorni sono d'Olanda. Per non parlare di un mondo di porcellane sceltissime, che ho veduto, vi dirò solamente d'una rarità, con la quale mi ha favorito di regalarmi, e credo che arriverà nuova a voi, come è arrivata a noi. In poche parole, mi ha fatto pigliare il the Bu. «Bu» deve essere una parola indiana. Il suo vero significato non si sa. Si sa però essere il distintivo di una spezie particolare di the, cominciata a venire da tre anni in qua dall'istesse parti di dove viene l'altro the. La sua foglia dà nel nero, avvolticchiata come il the verde; bagnata e distesa, è notabilmente maggiore della verde, e si prepara e si serve nell'istesso modo. La differenza è questa, che dove la verde, versata nella chicchera, mostra un color che dà nel giallo, quest'altra piglia il color di rose, e l'odore e il sapore tirano parimente alla rosa, come la verde alla viola mammola, e si ha per più provocativa dell'orina che la verde. Per la verde in oggi la moda è di non mettere più il zucchero nella chicchera, ma in quello scambio mettere in bocca un pezzetto di zucchero candito, e sorbendogli sopra il the bollente, struggerlo in quel passaggio, e giulebbare il the di mano in mano che lo va lambendo; ma nel the Bu, come più austero, si mette a fondere nella chicchera...[3]

I pani di zucchero olandesi non avevano concorrenti, neppure fra quelli veneziani. E dall'Olanda arrivavano sconosciute essenze che il «voluttuoso italiano» adoratore dei «geli misteriosi dei fiori e de' frutti potabili dalle sue sorbettiere dorate»[4] analizzava con scientifica precisione e delicatissima sapienza:

iersera l'altra, il Serenissimo Principe di Toscana — confidava Magalotti in una lettera a Leone Strozzi nell'ottobre del 1705 — mi fece grazia di mostrarmi due liquori, che io sappia, non più venuti in queste parti, i quali S.A. ha avuti ora di fresco d'Olanda, portativi con le ultime navi di Batavia. Sono due caraffine d'essenze, e si riconoscono tutte e due per d'agrumi; l'una assolutamente di pomi, l'altra di fiori, o anche più verisimilmente di foglie, anzi di vette, o di cime, per dirlo alla romana. In quella di pomi si sente tutta la fierezza dello zolfo della scorza verde della mela rosa, ma a un segno così tremendo, che alla prima zaffata parrebbe di raffigurarvi il Carabe, ma poi, studiata con flemma, scopre incontrovertibilmente l'agrume, e tra gli agrumi l'acutezza, come dicevo, della mela rosa, e di colore che dà nell'albiccio. L'altra, che è più gialla e più chiara, e anche molto soave, ha per appunto quell'istesso stessissimo odore, che rimane su' polpastrelli delle dita confricate con delle cime di cedro o di lumia.[5]

Questa straordinaria perizia nel muoversi all'interno dei labirinti vegetali, questa sensitiva sottigliezza nel riconoscere al tatto e all'odorato i molteplici messaggi della botanica classica ed esotica; l'arte sapiente di progettare e realizzare con estrosa inventiva ibridazioni e innesti, di produrre nuove varietà, nascevano dalla lunga frequentazione di orti, giardini, serre, gabinetti di studio all'aperto frequentati dai più raffinati aristocratici.

Nel giardino del marchese verriano, diviso in due sezioni, una «tutto sul gusto francese a *parterre*», l'altra all'inglese dove al di fuori d'ogni geometria programmata domina incontrollata la «natura ferace»,[6] e nelle «serre riscaldate attentamente» si coltivano non solo i «frutti più esotici e pellegrini»[7] ma anche «al finire dell'autunno» si possono raccogliere «le pesche, le cerase, e tali altri simili doni di primavera e d'estate».[8] Due generazioni dopo quella magalottiana l'esotismo e il cosmopolitismo erano diventati così straripanti da relegare in posizione marginale la meditata simmetria del giardino all'italiana, frutto simbolico dell'armonia del mondo e riflesso paradisiaco del claustro celeste. In queste serre e in questi riformati giardini si coltivava anche l'ananas, di cui l'Apicio italo-pietroburghese, il cosmopolita cuoco Francesco Leonardi, suggeriva una gelatina che «potrà servire per far *sorbetti gelati e gelatine d'antremè*, in mancanza del frutto fresco».[9] «Di tutte le piante esotiche», scriveva Giuseppe Baretti ai suoi fratelli nel 1760, mentre nelle desolazioni lusitaniche si aggirava fra campi di «ramerino di dilicatissimo odore», «non conosco e non amo altro che l'ananasso, frutto del Tropico, che ho sentito dire si vada introducendo in molte parti d'Italia».[10]

Frutto dal «grato odore», dal «sapore delizioso» e del tutto particolare «imperocché ne racchiude diversi uniti insieme», divenne per la sua «esquisitezza» una presenza indispensabile sulle «mense le più sontuose di cui ne formano l'ornamento e la delizia».[11] La sua «esquisitezza» fece sì che questo «piacevolissimo» frutto entrasse irresistibilmente nel tempio del gusto settecentesco, importato dai tropici ma poi anche coltivato in «stufe» o serre lombarde, toscane, romane e di altre regioni. La nuova coltura si diffuse un po' dappertutto. «In Italia», ricordava Francesco Leonardi, «specialmente ve ne sono delle piantaggioni eccellenti entro le stufe. In Roma le abbiamo nel Giardino al Quirinale, nell'Orto Vaticano Indico, e nella deliziosa Villa Pinciana; onde si può dire, che questo piacevolissimo frutto non sia più tanto raro».[12] Da Parigi a Berlino «le jaune ananas», parto «d'un faux été», distribuiva generosamente «de son fruit le trésor usurpé».[13] Nei giardini di Sans-Souci «creati, per così dire, da questo Re con l'arte di Armida»[14] a Potsdam, maturavano per il piacere di Federico e dei suoi straordinari ospiti.

Questo clima non è tanto lungi dal cammino del sole — scriveva in una lettera Francesco Algarotti nel 1751 — che non gareggi quasi in ogni cosa co' climi migliori: e dove la natura non è stata così benigna, l'arte vi supplisce e lo studio. Non si dia già a credere che di questo paese si possa dir quello che fu detto di Varsavia da un nostro bell'umore:

Un limoncel di Napoli sarebbe
In pregio tal, che se l'avesse il re,
Nel diadema real l'incastrerebbe.

Ella mangerebbe qui di ottime pesche, di buon poponi e de' fichi, che talvolta non la cedono a quei nostri dal collo torto e dalla veste sdrucita: e qui l'ananasso, quella manna, quel re de' frutti, è fatto quasi comune.[15]

Alle «cene del Re», in quegli stessi giorni il nostro Algarotti godeva anche del «raro spirito di monsieur de Voltaire»,[16] uno spirito che, al dire dell'abate Bettinelli, «prendea molto caffè dopo gustate le bottiglie».[17]

Tagliati a fette trasversali i frutti «regali», «si condiscono con vino di Spagna e zucchero, ovvero con acquavite e molto zucchero, oppure con rosolio e zucchero».[18] Manna principesca, «si mangiano ancora cotti con vino bianco, e poscia canditi con zucchero a guisa di cotogni... Con gli ananassi — è sempre l'Apicio moderno a ricordarcelo — si preparano due composte, una conserva, delle mezze paste, delle clarette, una gelatina e un sorbetto gelato».[19] E, in ogni caso, «gelatina d'antremè, di cui servirsi in mancanza del frutto fresco».

I nuovi esotismi si orientano sul quadrante orientale, verso le terre del Sol Levante ma soprattutto verso l'enigmatica Cina. A Parma nel 1769 si allestì una «fiera chinese», con «abiti alla chinese».[20] Le sue porcellane invadono le case d'Occidente, sete, *boiseries*, *papiers peints* tappezzano i salotti eleganti. Ma non senza le riserve dei più fini intenditori come Algarotti.

La mediocrità de' Cinesi, come in molte altre cose, così ancora manifestamente si scorge nella pittura. Chi parlasse di diversità di scuole o di maniere cinesi avrebbe il torto. Tutte le loro figurine o pagode sono di una famiglia: e si direbbe che quella innumerabile nazione non ha avuto mai che un occhio solo per vedere gli oggetti e una sola mano per rappresentargli.[21]

Riesce difficile immaginare che il raffinato sodale di Federico II fosse abituato ad indossare come veste da camera la «serica zimarra, ove disegno diramasi chinese» dentro la quale il «giovin signore» pariniano faceva scivolare le sue oziose carni.

Anche la Persia, dopo l'incredibile successo europeo delle *Lettres* del barone di Montesquieu, s'insinuò nei sogni (anche culinari) di certi nobili italiani e il conte della Somaglia a Milano «faceva fare de' piatti alla persiana, sulle ricette del Chardin [il grande esploratore della Persia, Parigi 1643-1713] e riuscivano buoni».[22]

L'internazionalismo dei cibi e il cosmopolitismo del gusto è particolarmente vivace nella festosa battaglia dei vini combattuta fra i «licor lieti di francesi colli / o d'ispani o di toschi, o l'ongarese / bottiglia a cui di verde edera Bacco / concedette corona, e disse: "Siedi / de le mense reina..."».[23] In questo policromo conflitto fra odorosi liquidi, sullo sfondo d'un panorama enologico mosso e sfaccettato, sono proprio i vini italiani ad uscirne malconci. L'«ongarese bottiglia», il Tokaj, trionfa ovunque.

Ottima cosa è l'acqua, e sì ne bevo assai copiosamente; non sì però, ch'io non la taglia con la divina bevanda di Omero, che qui [alla corte di Federico il Grande] ha molto più voga, come ben sapete, che non ha Pindaro... Il primo bicchiere per me, diceva il cavalier Temple, il secondo per gli amici, il terzo per l'allegria, e il quarto per li miei nemici... Ma quando io bevo il quarto o il quinto bicchiere per i miei nemici, fo loro il piacere di berlo col Tokai. Oh che vino, il mio caro messer Francesco! [F. Maria Zanotti al quale Algarotti indirizza questa lettera da Potsdam nel 1750]. Non si può già dire di chi 'l loda che beve a' paesi. E se il nostro Redi ne avesse assaggiato, della qualità massimamente di quelli del quindici o del ventisei, avrebbe mutato verso, e non avrebbe detto, son certo,
Montepulciano d'ogni vino è il re.[24]

Arrivano da tutti i punti cardinali sulle tavole dell'Italia elegante vini di Germania, d'Austria, del Tirolo, le malvasie delle Canarie, il moscato di Madera, i bianchi del Libano, di Cipro, di Smirne, i rossi di Samos, i rossi e i bianchi di Scopoli (un'isola del Ponto Eusino), i bianchi d'Ungheria (il San Giorgio, lo «Sciumelao», il Razestoff) e i rossi (l'Erlau, il Vaxen): oltre naturalmente i francesi, gli iberici, i lusitani. Può destare stupore che sulle tavole italiane approdassero i bianchi e i rossi provenienti dal Capo di Buona Speranza. Le bottiglie dell'Africa australe guerreggiavano con quelle danubiane fra lo scetticismo e l'indignazione dei letterati della vecchia Italia, dell'antica, mitica Enotria. Girolamo Baruffaldi, dalla sua appartata e gloriosa Ferrara, faceva inveire il *Bacco in Giovecca* contro il «polpacciuto barbaro Tocai, / che tinge 'l labbro e non disseta mai».[25]

Da Bassano G.B. Roberti ricordava con una punta di amarezza (come era nel suo stile di vecchio signore) l'antico primato della terra del vino.

È una decorazione solita dei pranzi, se sono alquanto solenni, voler bere dei vini che abbiano passato i mari o le alpi. Il vino del Capo di Buona-Speranza ed il Tokai, che si reputano i migliori vini del globo, non sono sconosciuti a noi privati. Li fiaschetti italiani non hanno dignità che basti; eppure questa è quella Italia che colle sue vendemmie porse il vino opimiano, a non dire degli altri.[26]

I vini d'Ungheria, del Sudafrica, tutti quelli che avessero attraversato «i mari e le alpi», le bottiglie pellegrine e strane arrivate da remote contrade, impreziosivano col loro esotico blasone il prestigio delle mense cosmopolite. Anche sul campo dei liquidi la tradizione italiana stava perdendo terreno, come era in difficoltà nella scelta dei solidi. La bottiglia straniera, l'«opaca bottiglia» entrata nel mondo dorato de *La moda* robertiana aveva allontanato dalla tavola elegante il fiasco italiano. Il conte-abate bassanese, sensibilissimo alle oscillazioni e alle nuove tendenze del gusto, mentre prendeva atto delle preferenze e delle mutazioni in corso, valutava anche le resistenze che la provincia e la tradizione nazionale opponevano all'avanzata apparentemente irresistibile di costumi alimentari e di vezzi snobistici importati da ogni parte, spesso alla rinfusa.

Il vino di Lombardia è vino sano e pieno da pasteggiare; — scriveva nel 1780 da un angolo della provincia veneta, nel giorno di San Martino, a Gian Lodovico Bianconi — il nostro paesano è del pari sano, ma più piccante da festeggiare e più fumoso da pazzeggiare... Quasi ogni famiglia di signori ha le sue bottiglie domestiche, che vuota per gli amici non senza emulazione. La serie di tali fiaschetti diviene una ricchezza delle cantinette più riposte, e come un mobile prezioso che si lascia in eredità col suo *Consule Mario* pendente in pergamena dal collo. Io bevetti l'ultimo de' fiaschetti che aveva ereditati una gentildonna da un suo antenato dilettantissimo di botticelli; certo il fiasco contava gli anni almeno della padrona, che passava gli ottanta; eppure si era conservato pertinacemente dolcissimo. La dolcezza è un mal vezzo, anzi secondo me un vizio vero de' nostri vini; e però a me piace la per altro condiscendente serietà del Montepulciano, anzi la stessa austerità del Chianti. Il conte Francesco Algarotti scrisse a S.E. il signor procuratore Zen, perché si promovesse il reciproco commercio de' vini veneziani coll'Oriente. Alcuni, qualora ciò si propone, asseriscono frettolosamente che non reggono alla navigazione. A buon conto io posso citar due esempi in contrario di due barili andati a Pera e bevuti con plauso. Sarebbe bene una disgrazia particolare de' nostri vini; quando il navigare suol esser propizio agli altri, e li corrobora e gl'ingentilisce. Se si beve il Carmignano e l'Artemino a Pietroburgo, perché non si potria bere il nostro Grassaro o dalla Gatta

90

(come qui gli appellano) a Costantinopoli? L'indole de' nostri vini non è molto differente da quella de' vini greci. Ricordomi d'aver a Bologna dato a bere del vino delle vendemmie di questa villa d'Angarano, in cui scrivo, a tredici persone, che tutte lo giudicarono oltremarino. La decimaquarta, la quale si vantava d'aver la scienza del palato, saggiatolo più volte a lenti e gravi centellini, pronunziò che non poteva decidere se fosse Samo, ovver Tenedo o Cipri, ma ch'era senza controversia vin greco. Allora credetti che fosse il tempo da sciorre il nodo, e dissi ch'era vino fatto in casa mia.[27]

Ieri, come oggi, c'era sempre qualcuno che si ergeva a infallibile *connaisseur*. Ieri, come oggi, il problema dell'esportazione e del raggiungimento di mercati lontani era d'attualità. Dopo la fine del puritano, aborrito Cromwell, si presentò per il Granducato di Toscana l'opportunità di aprire un nuovo mercato ai suoi vini nell'Inghilterra di Carlo II. E puntualmente il Conte Magalotti, ottimo conoscitore delle cose d'Anglia, preparò per il suo Signore una serie di *Riflessioni sulla navigazione dei nostri vini per l'Inghilterra*. Fiaschi e botti di quella Toscana «maestra di fabbricar buoni vini»,[28] dalle cui mescite, bettole, frasche popolane passava la varietà e la ricchezza dei suoi vigneti:

> Portami qua, Menghino, un barilozzo
> Di Faraone ed un di Lamporecchio,
> E del Cassero ancor n'arrecca un pozzo,
> Ch'egli è perdio da l'uno e l'altro orecchio;
> Non portar Chianti, che mi serra il gozzo,
> Ma di Palaia arrecane un gran secchio,
> E di Groppoli poi e Vinacciano
> Nice abbia sempre un gran fiascon per mano.
>
> O buona cosa! ma ne voglio un sorso
> Di Roccabruna, ed uno dell'Acciaio,
> Se in cantina ce n'hai: deh davvi un corso,
> Oste garbato...[29]

Nonostante tutte le novità esotiche d'Oriente e del Nuovo Mondo, la frutta tradizionale aveva ancora una colorata ribalta sulle tavole, anche sulle più doviziose e raffinate. Troneggiava la pera, il «solo frutto che faccia una più lunga decorazione sopra un *deser* e che appaghi più il nostro gusto, la nostra vista e il nostro odorato, mediante le sue differenti specie o varietà».[30] La pera, dolce fiamma delle mense, mostrava le sue calde tonalità sugose accendendo le composizioni pittoriche di genere, le nature morte, le tele dei «fioranti», le panoplie ortive, i canestri stracolmi di Bartolomeo Bimbi e dei «fruttanti». Per secoli la pera fu lo smagliante gioiello delle credenze. Sulla soglia del XIX secolo, ai tempi di Filippo Re, il pero contava ancora «più varietà di qualunque albero»,[31] e le pere erano «infinitamente più numerose e ricercate» di ogni altro frutto. Gemma di Pomona, «quest'arbore tutto l'anno è utile all'agricoltore satisfacendo all'universal gusto o con dolci o con brusche, o con l'uno e l'altro congiunti o cotte o crude o in l'uno e l'altro modo sono buone».[32] Trascurata oggi dall'edonismo dei nuovi italiani per più costosi e meno meditativi frutti, questo piccolo scrigno di umide, pacate voluttà sembra avere imboccata irreparabilmente la strada del tramonto.

Se anche può non essere attendibile (tanto la cifra appare enorme) che i «giardinieri francesi che hanno scritto sulla fine del XVII secolo fanno menzione di più di settecento sorta di pere buone a mangiarsi»,[33] nel *Giardiniero francese* di René Dahavron (Dahuron), soprintendente agli orti del duca di Brunswich, e ancor più nell'aggiunta scritta da Monsù Della Quintinyé, soprintendente generale dei giardini di Sua Maestà Cristianissima tradotto anche in italiano e stampato da Giacomo Albrizzi a Venezia nel 1704, le varietà ricordate sono «soltanto» settantadue.[34] Quelle presenti nei pomari del principe Giuseppe del Bosco a Misilmeri in Sicilia ammontavano, secondo la stima del Cupani convalidata dalla testimonianza del Nicosia, a settantotto. Ben poca cosa se messa a confronto con la cornucopia pomologica toscana a cavallo fra Seicento e Settecento, descritta da Pietro Antonio Micheli nella *Lista di tutte le frutte, che giorno per giorno dentro all'Anno sono poste alla mensa dell'Ar. e del Ser.mo Gran Duca di Toscana*:[35] duecentotrenta, tutte elencate esattamente con i loro nomi. La Toscana medicea batteva largamente la Francia del Re Sole, come ci teneva a sottolineare con compiacimento Iacopo Niccolò Guiducci in una lettera indirizzata a Cosimo III: «trovo che riguardo alle pere V.A. Reale sta assai meglio senza paragone sì per la quantità delle buone specie, che per la loro qualità».[36] Il nostro cuoco cosmopolita, dunque, mentiva, anche se in buona fede, abbagliato probabilmente dal fulgore della meteora napoleonica. E, in ogni modo, come cuoco, poteva anche ignorare i dettagli della verità pomologica.

Se dalla celebre «fonderia medicea» nella quale mediante l'«unione della chimica alla botanica» si distillavano «nuovi odori» in una «gara mirabile per estrarre nuove sostanze balsamiche, mediche ed aromatiche» in una continua, sottile ricerca della «perfezion più sublime dell'odorato»,[37] si passa alle sperimentazioni agronomiche degli ultimi Medici si assisterà alla nascita e alla scoperta, in Italia come in Europa (ma specialmente in Olanda) di un ricco panorama di «nuovi fiori, e germi e innesti ed erbaggi».[38]

Così ancor oggi vediam gli olandesi aver fatto un ramo di commercio dell'arte di Flora creando a centinaia bellissimi e ignoti fiori, siccome i francesi affermano che in cencinquant'anni ne hanno acquistati tanti, e tanto più ricchi, più coloriti, più belli non men che le piante, i legumi, e gli erbaggi essersi tra loro perfezionati a segno, che in vece d'una sola specie di cicoria e due di lattuche meschine, che allor conoscevansi, oggi ne contan dell'une e dell'altre più di cinquanta tutte eccellenti e care al gusto.
Lo stesso s'intenda de' frutti sapendo ognuno come le pesche, le mele, gli arbicocchi e le pere inselvatichiscono abbandonati a loro stessi, e come rinnovansi e s'ingentiliscono per mille nuove bellezze e sapori tentando innestarli più artificiosamente e coltivarli. E così pure quasi per nuovi innesti perfezionansi gli animali intrecciando le razze, siccome il veggiam di continuo ne' cavalli, e può vedersi in altre spezie eziandio. Io vidi infatti, ma sol tra privati per lor diletto, nuovi polli e nuovi colombi vaghissimi insieme ed utilissimi, e multiplicantisi in gran varietà, e ognun potrebbe renderli propri e comuni procurandosi del pari de' bei galli e galline del padovano, de' bei piccioni d'altri climi, e mescolandoli insieme avvedutamente co' nostri.[39]

Il «risorgimento» d'Italia, dopo che il Paese era stato travolto nella universale decadenza dell'«Europa barbara e incolta», riprendeva il suo rinnovato corso nel «rendere la natura feconda pei nostri bisogni».

Non aspetta ell'altro che la nostra applicazione a trarne le inesauste ricchezze coltivandone mille segrete miniere in ogni genere d'animali e di vegetabili, giacché in poco tempo siam giunti a gran vantaggi ignorati da' nostri padri non che dagli antichi.[40]

Nuovi piselli, nuovi legumi e cavoli, nuovi polli e nuovi colombi «vaghissimi insieme ed utilissimi» arricchiscono, variandola, la mensa settecentesca.
I «comodi» e la «vera felicità»[41] sembravano, nella seconda

metà del Settecento, passato il «secol di ferro», far rivivere il «secol d'oro»,[42] quantunque alle antiche malattie si fossero aggiunti nuovi morbi, «nuove flussioni o reumatismi», «nuovi scorbuti», «nuove coliche» e soprattutto i «nuovi mali convulsivi di nervi, d'ipocondrie, di vapori, che non avean nome».[43] Il rinnovamento della vita e della società, i nuovi ritrovati e le inedite invenzioni della tecnica e del lavoro guidati dalla rinnovata capacità d'intervenire scientificamente sopra una natura ormai uscita dall'atmosfera magica e cabalistica della cultura pregalileiana, avevano, insieme ai costumi, rinnovato non solo il paesaggio, ma incrementato il benessere e la qualità della «pubblica felicità». Molte regioni d'Italia presentavano un'immagine diversa, un volto rifiorito, rinvigorite da una nuova corrente di operoso, febbrile rinnovamento presente in tutti gli aspetti del vivere civile.

Le campagne tutte a cultura, i fiumi negli alvei, le foreste tagliate, le castella demolite, le case più comode ed ampie, come le strade, la tavola di condimenti e di cibi saporosi e di vini abbondanti e scelti imbandita, la nettezza de' corpi e della pelle per pannilini spesso variati e per abiti più opportuni aiutata, oltre a' bagni più frequentati, e alla pace, alla concordia, al buon gusto regnanti per tutto, i lumi nuovi venuti all'arti, alle scienze, alle stesse manifatture, ma soprattutto a' doveri di società e di religione sembrano aver portata la vera e piena felicità colla salute del corpo e co' pregi dell'animo umano.[44]

A partire dall'«aureo Cinquecento»[45] «a dileguarsi incominciò la folta / profonda notte»[46] e

> Co' bei lavor della ingegnosa moda,
> Dell'europeo commercio animatrice,
> Coi sculti marmi e le spiranti tele
> Gareggiar l'opre de' felici ingegni,
> Gli arditi saggi penetraro i foschi
> Fisici labirinti...[47]

Il «gusto», la «grazia» e la riscoperta della «vera natural bellezza»,[48] del «delicato sentimento e vivo», dell'«armonia» avevano debellato il «pregiudizio» e l'«indocile ignoranza».[49] Il senso della vista aveva riscoperto la simmetria armonica e la riflessiva grazia della «vaga forma» che l'«occhio alletta e l'animo riempie».[50] Specialmente

Quando a goder la placid'aura estiva
Nell'odoroso tuo culto giardino,
O leggiadretta Eufrosine, discendi,
E il lento piè per quei sentier ridenti
Movendo, l'occhio lusinghiero arresti
Su l'anglo, o 'l franco o il bavaro parterre,
La certa e regolar legge e misura
Che li divide e gli ordina e comparte,
Non senti a un tratto penetrarti i sensi,
E d'occulto piacer pascerti l'alma?[51]

Era una voluttà tutta intellettuale quella che la «misura» e gli spazi matematicizzati inoculavano ai sensi pascendo d'«occulto piacer» l'anima inebriata dalla sublime geometria dello spazio ortense. Questa estrema stilizzazione neoclassica aveva imbalsamato in forme, rese marmoree e immobili da una estenuata «grazia», il «leggiadro disordine»[52] del giardino settecentesco degli anni '70, ispirato all'arte del «voluttuoso giardiniere d'Aristippo»,[53] dal cammino variato, dalle prospettive mutevoli, dalle scene imprevedibili nel quale la ricreazione dello spirito nasceva dall'inatteso svariare del paesaggio: «ora ti ricreano i soavissimi odori de' fiori e delle piante più rare; in séguito un prospetto impensato di antica architettura rovinata dal tempo; qui un tempietto, là un parco di fiere, poi un piccolo canale navigabile...».[54]

NOTE

1 Pietro Verri, *Articoli tratti dal «Caffè»*, in *Opere varie*, cit., p. 48.
2 *Ibid.*
3 Lorenzo Magalotti, *Lettere del Conte L.M. Gentiluomo fiorentino*, cit., pp. 136-37. Si legge anche in L.M. *Scritti di corte e di mondo*, a cura di E. Falqui, Roma, Colombo, 1945, pp. 346-47. Sul «thè Bout» v. anche Francesco Leonardi, *Apicio moderno*, cit., t. II, pp. 333-34.
4 L. Magalotti, *Lettere familiari* [contro l'ateismo], cit., p. 202.
5 L. Magalotti, *Lettere del Conte L.M. Gentiluomo fiorentino*, cit., pp. 135-36; v. anche *Scritti di corte e di mondo*, cit., p. 346.
6 P. Verri, *Articoli tratti dal «Caffè»*, in *Opere varie*, cit., p. 49.
7 *Ibid.*, p. 48.
8 *Ibid.*
9 F. Leonardi, *Apicio moderno*, cit., t. I, p. 95.
10 Giuseppe Baretti, *Lettere familiari a' suoi fratelli*, Milano, Silvestri, 1836, p. 216.
11 F. Leonardi, *Apicio moderno*, cit., t. I, p. 260.
12 *Ibid.*

13 Jacques Delille, *Les jardins, ou l'art d'embellir les paysages. Poème, par M. l'abbé De Lille*, Paris, Valade, 1782, p. 93.

14 F. Algarotti, *Lettere varie*, in *Opere*, cit., vol. IX, pp. 186-87.

15 *Ibid.*, pp. 185-86.

16 *Ibid.*, p. 187.

17 Saverio Bettinelli, *Lettere a Lesbia Cidonia sopra gli epigrammi*, in *Opere edite ed inedite in prosa ed in versi dell'abate S.B.*, cit., vol. XXI, p. 39.

18 F. Leonardi, *Apicio moderno*, cit., t. I, p. 261.

19 *Ibid.*, pp. 261-62.

20 *Carteggio di Pietro e di Alessandro Verri*, cit., vol. III, p. 19.

21 F. Algarotti, *Pensieri diversi*, in *Opere*, cit., vol. VII, p. 235.

22 *Carteggio di Pietro e di Alessandro Verri*, cit., vol. III, p. 309.

23 G. Parini, *Il Mattino*, vv. 80-84.

24 F. Algarotti, *Lettere varie*, in *Opere*, cit., vol. IX, pp. 164-65.

25 Girolamo Baruffaldi, *Bacco in Giovecca*, in *Baccanali*, Bologna, Lelio dalla Volpe, 1758[2], vol. I, p. 11.

26 G. Roberti, *Lettera ad un vecchio e ricco Signore feudatario... in Scelta di lettere erudite del padre G.R.*, cit., p. 131.

27 G. Roberti, *Lettera al Consigliere Gian-Lodovico Bianconi intorno alle sue opere sopra Celso*, in *Scelta di lettere erudite*, cit., pp. 164-66.

28 *Ibid.*, p. 164.

29 Niccolò Carteromaco [Forteguerri], *Ricciardetto*, Lucca 1766, t. II, p. 383 (canto XXX, 82-83).

30 F. Leonardi, *Apicio moderno*, cit., I, p. 249.

31 Filippo Re, *Nuovi elementi di agricoltura*, Milano, G. Silvestri, 1815, vol. III, p. 176. Per la pera nell'economia alimentare rinascimentale v. Costanzo Felici, *Dell'insalata e piante che in qualunque modo vengono per cibo dell'homo*, letteratrattato scritta per Ulisse Aldrovandi nel 1568 e stampata ora per la prima volta da G. Arbizzoni, Urbino, Quattro Venti, 1986. In particolare, le pp. 91-93.

32 Vincenzo Tanara, *L'economia del cittadino in villa*, Venezia, G.B. Tramontin, 1687, p. 344.

33 F. Leonardi, *Apicio moderno*, cit., t. I, p. 244.

34 *Il giardiniero francese, overo trattato del tagliare gl'alberi da frutto con la maniera di ben allevarli, trasportato dal francese di Monsù René Dahavron giardiniere del Serenissimo Duca di Bransuvich: aggiunto un compendio delle regole, e massime più necessarie per l'esercitio di quest'arte. Cavate da Monsù della Quintinyé Sopraintendente generale de' giardini di Sua Maestà Christianissima. Come pure accresciuto in questa seconda edizione della Instruzione per la coltura de' fiori dello stesso Monsù della Quintinié*, Venezia, Girolamo Albrizzi, 1704, pp. 50-55.

35 Cfr. AA.VV., *Agrumi, frutta e uve nella Firenze di Bartolomeo Bimbi pittore mediceo*, Firenze, Consiglio Nazionale delle Ricerche, 1982, pp. 104-22. Indagine promossa da E. Baldini e F. Scaramuzzi.

36 *Ibid.*, p. 115.

37 S. Bettinelli, *Risorgimento d'Italia negli studi, nelle arti e nei costumi dopo il Mille* (1755), in *Opere edite e inedite in prosa ed in versi dell'abate S.B.*, cit., t. X, p. 264.

38 *Ibid.*

39 *Ibid.*, pp. 264-66.

40 *Ibid.*, p. 261.

41 *Ibid.*

42 *Ibid.*, p. 258.

43 *Ibid.*, p. 259.

44 *Ibid.*, p. 258.
45 Giuseppe Colpani, *Il gusto*, in *Poemetti italiani*, Torino, Società Lettera-ria di Torino, presso Michel Angelo Morano, 1797, vol. ii, p. 104.
46 *Ibid.*, p. 104.
47 *Ibid.*, p. 116.
48 *Ibid.*, p. 104.
49 *Ibid.*, p. 106.
50 *Ibid.*, p. 104.
51 *Ibid.*, pp. 104-05.
52 P. Verri, *Discorso sull'indole del piacere e del dolore*, in *Del piacere e del dolore ed altri scritti*, cit., p. 44.
53 *Ibid.*
54 *Ibid.*, p. 45.

L'occhio sottile dell'abate gesuita Saverio Bettinelli non s'ingannava: la rifioritura, anzi il «risorgimento» era vero e palpabile. Tutti i ceti e i gruppi sociali più emarginati, come i mendicanti e perfino i galeotti, vivevano in condizioni più umane. I «pannilini» (come faceva notare l'autore delle *Lettere a Lesbia Cidonia*) si cambiavano di più, i bagni erano forse un po' più frequenti, le mense più abbondanti. Tutti stavano un po' meglio. Tutti, ma non i lavoratori dei campi. «I contadini», osservava G.B. Roberti molto più sensibile del suo collega Bettinelli agli aspetti umanitari, «sono forse i soli, che e sani, ed infermi, al mio occhio sembrano trascurati, eppure formano un numero immenso».[1] Quando passeggiava nelle campagne del Bolognese, il conte abate si accorgeva che i contadini «comunemente son miseri e che meriterebbero essere riguardati con occhi più dolci dal secolo umano».

Non assai miglia lungi di qua [da Bologna] tra piani amplissimi di pingui glebe rimiransi i volti scarnati e squallidi de' contadini, che abitano pagliareschi tuguri impiastrati col loto, e da ogni lato screpolati e rovinosi; contadini che mal coprono le nudità con un sudicio camice di ruvido canovaccio; e che addentano il pan nero, mentre pure mietono il frumento bianco; e che bevon acqua, mentre imbottano al padrone il vin grosso.

Un Pontefice Massimo, non ha molti anni, dovette e come Papa e come Sovrano con due successivi decreti opporsi alla ingordigia degli inesorabili fittaiuoli superbi e minacciosi in discacciare dai campi tosati dalle lor ubertose raccolte gli sciami famelici de' poveri villani, che si andavan aggirando per le campagne cogli occhi desiderosi e colle braccia incurvate in cerca di poche spighe o dimentiche o neglette dalla falce stanca e contenta. Carico di pensieri della cristiana repubblica il Pontefice Benedetto quartodecimo giva secondo il costume fuori dello strepito e del fumo della gran Roma a pigliare nel verde seno di una villa qualche breve conforto alle pubbliche cure: quando frotte squallide di vecchi spossati, di fanciulli imbelli, di femmine lamentose gli si affollarono da ogni lato per via, e ginocchioni colle mani alte impedirono il corso dei soldati guardiani; e colle voci supplichevoli vinsero il romore dei cocchi frettolosi. La somma delle querele e del pianto di quegli infelici affamati era questa, che, mentre cigolavano i plaustri stridenti sotto al peso degli ammassati covoni verso i porticali degli abbondosi possessitori, ad essi cogli urti e colle contumelie era disdetto il sol passeggiare per quelle pianure già rase a spiar pure, se qualche umile spiga giacesse fra quelle aspre stoppie per abbracciarla al seno, e comporne un qualche esile manipolo, sollievo della presente fame e della futura. Il dolore ed il gemito di que' rustici desolati contaminava la soavità di quell'aere, e dirò così, l'amenità di quel suolo.[2]

Il nobile di Bassano, a differenza di Bettinelli, gesuita cosmopolita che si trovava a suo agio in ogni salotto, era molto più scettico di lui sulla «cultura esterna», e sulla «umanità» dell'abbagliante «progresso».

Noi abitiamo bene, noi vestiamo bene, noi mangiamo bene... ma non so se abbiamo ragione di celebrar tosto noi per umani, perché ci ungiamo i capelli con dell'unguento; perché ce gli aspergiamo con della farina bianca; perché ci facciamo tagliare colle forbici i panni convenienti al dorso; perché mettiamo sulla tavola dei piatti grandi e dei piatti piccoli con tal regola che i piccoli cedano il posto più nobile alla dignità dei grandi. Sarebbe a disputare un poco se tale umanità di vestire all'oltramontana, di mangiare all'oltramontana, di abitare all'oltramontana, di pettinarsi all'oltramontana, sia propriamente da appellare umanità o veramente servitù.[3]

Fedele alla tradizione e ai modi di vivere italiani, l'abate Roberti non riusciva ad apprezzare serenamente «i comodi e gli splendori» della *civilisation* francese importati nella vecchia Italia. «Oggi si esalta l'ingegno della cucina e la pompa della tavola. Dicesi che i soli Francesi sanno mangiare; eppure il signor Mercier poco fa ha scritto che il popolo di Parigi è il popolo più mal nutrito di ogni altro popolo europeo».[4]

Il padre Roberti non era di certo un asceta: amava i prosciutti, i salami, le mortadelle, adorava il caffè e la cioccolata, i buoni vini e le fragole, i dessert dolci e profumati, le creme vanigliate. Ma non poteva soffrire né l'arroganza francese, né le mode capricciose e frivole che, piombate d'oltralpe, erano state adottate da molti aristocratici come nuovi vangeli. Era anche molto lontano dall'approvare ciò che il conte Joseph de Maistre qualche decennio più tardi, negli anni severi e plumbei della Restaurazione, avrebbe ritenuto nocivo, anzi perverso: l'associazione criminale della sperimentazione culinaria con le libertà della cattiva letteratura.

De l'excès sur la quantité — faceva osservare all'interlocutore di un suo «entretien» passando dall'elogio del digiuno cristiano all'esaltazione dell'astinenza generalizzata —, passez aux abus sur la qualité: examinez dans tous ses détails cet art perfide d'exiter un appétit menteur qui nous tue; songez aux innombrables caprices de l'intempérance, à ces *compositions* séductrices qui sont précisément pour notre corps ce que les mauvais livres sont pour notre esprit, qui en est tout à la fois surchargé et corrompu...[5]

Mai l'abate Roberti avrebbe potuto pensare che la buona cucina fosse un'arte perfida, mai avrebbe lanciato l'anatema sulle «compositions séductrices» dei cuochi di qualità. Detestava semplicemente la disumanizzazione che affliggeva il secolo e certa brillante cultura cosiddetta illuminata; l'indifferenza e la chiusura verso le classi inferiori, l'attenuarsi dello spirito di solidarietà e di carità cristiana soprattutto fra i ricchi e gli intellettuali ben nati e ben pasciuti, il cinismo e l'insensibilità di certi famosi *maîtres à penser*, veri mostri di egoismo cieco e scellerato. L'incredibile aneddoto narrato da Roberti sulla disumanità di uno degli idoli intellettuali più incensati di tutto il secolo, Bernard Le Bovier de Fontenelle, se vero (la fonte sembrano essere gli *Annali politici* del Linguet), segnerebbe l'estrema soglia dell'indifferenza morale indotta dai piaceri della tavola, variante perversa di una cultura compiaciuta soltanto della propria sfavillante intelligenza.

L'abate Dubos canonico di Beauvais visse familiarmente con Fontanelle, e si dicevano amici. Un giorno il canonico pranzava testa a testa coll'autore dei mondi, e fu lor presentato un mazzo di sparagi. Uno li voleva colla concia dell'olio, colla salsa l'altro. Convennero i due Socrati (giacché la sapienza non esclude la gola) dividerli per metà al gusto di ciascuno. Avanti che si apprestassero i due piattelli, l'abate Dubos fu colpito dall'apoplessia. Tutti i domestici furono in commovimento. Fontanelle, il creator delle idee fine, diede gran prova di zelo, e corse sulla cima della scala a gridare, onde il cuoco lo intendesse: «tutti gli sparagi colla salsa, tutti gli sparagi colla salsa». Sparito il cadavere, Fontanelle si mise a tavola e mangiò tutti gli sparagi, provando col fatto che ancora l'apoplessia era buona a qualche cosa.[6]

Per quanto riguarda la cucina, la vera rivoluzione non fu quella immortale del 1789. Anzi questa decapitando il vertice della piramide culinaria, il re, pose le premesse per il decollo della cucina democratica e rappresentativa e tenne a battesimo la nascita del cuoco borghese, del cuoco per le famiglie, e delle cuciniere domestiche. E segnò anche il passaggio verso la ristorazione venale, commerciale, di massa, divulgando e involgarendo, a pagamento, i segreti delle grandi cucine aristocratiche. La vera rivoluzione è quella riformista, sensista e condillacchiana spuntata all'ombra dello *style rocaille*, quella che aveva i suoi teorici nei riformatori illuminati i quali, accanto ai sacerdoti del vecchio linguaggio gotico-scolastico-barocco, idealmente rinchiudevano nel «tempio dell'ignoranza» anche il vecchio linguaggio culinario, la grammatica fastosa e indigesta della pletorica e dilatante e arzigogolata cucina barocca. L'agilità e la leggerezza intellettuali delle nuove generazioni esigevano una parallela snellezza e leggerezza nelle procedure culinarie. Mangiare con troppa abbondanza, fastosamente, sontuosamente sedendo sugli enormi seggioloni del passato e non sulle agili e scomode sedie Luigi xv non è più cosa di *bon ton*. La società galante arriccia il naso di fronte all'accumulo delle vivande, si nutre con studiata disappetenza e con mal celata insofferenza verso la cucina di tipo feudal-patriarcale. Lo stesso ricambio avviene nella nuova moda, nel guardaroba delle dame che portano nei salotti le «andriennes» dipinte con «frivole inezie di animaluzzi e di erbucce», e il nuovo stile che adora il «disegno frivolo», impazzisce per i «miscugli cinesi», per la «bagatella elegante e fragile», per le «curiose galanterie», la «frivola fragilità», la «frivola capricciosità» e la onnipresente varietà. Per le «farfalle eleganti»[7] anche in cucina si preparano bagatelle eleganti. Per una società dispeptica e notturna, per la dama dal tardo risveglio («nel letto il mezzo giorno, e il cioccolatte / in leggiadro atto assisa ella attendea»),[8] che è al centro della comunicazione sociale, per un bel mondo che vive «nelle conversazioni ed in perpetuo giro di visite e di ciance», per una «casta nobile» che «si studia di passare le sue sì lunghe ventiquattro ore», la tavola diventa un luogo discorsivo, un altro momento di prolungati conversari. Più che mangiato, il cibo viene parlato, preso con distacco, mentre le nuove bevande calde (caffè, tè, cioccolata) scandiscono i tempi d'un cerimoniale e

d'una etichetta obbligatori. «Qualche bevanda», osservava il conte Roberti, «è un'accoglienza che, attesa l'ordinaria cerimonia, non si gradisce se si offre, e può offendere se si dimentica».[9]
La notte sostituisce il giorno.

Il vegghiare prolisso è proprio dei signori... Il lume del sole è ignobile... si novella e si giuoca e si cena a lume di candele di cera, mentre si vive in prigione fra esatti cristalli entro ad un'aria respirata e però mal respirabile. O quanto tempo sarà passato che molti non avran veduto l'aurora! e se l'avranno pur veduta ritornando dal teatro, ma sonnacchiosi e rinchiusi, certo non l'avranno vagheggiata. Alcune dame non dormono mai la notte... e però a Parigi graziosamente sono dette queste dame *lampadi*.[10]

Per queste dame e per i loro accompagnatori mangiare con appetito diventa sempre più faticoso.

Le nostre dilicate donne cascanti di nausea girano qua e là coll'occhio svogliato per li piattelli, ed acconsentono, pregate, delibarne alcuni. Dopo la diurna poltroneria del letto, dopo la diuturna pigrizia dell'acconciatura s'istupidiscono i muscoli, non si filtrano gli umori e non si lavora intera la digestione, e però l'appetito, il quale è il miglior condimento dei cibi, non irritato languisce.[11]

E invero, doveva essere sempre più arduo solleticarne il desiderio con «pruriginosi cibi», scuotere dal loro torpore gli «oziosi sughi» con proposte stuzzicanti. Per creature tanto sensibili dedite al culto della Dea Pigrizia erano necessarie diete leggere, carezzevoli, piatti vellutati ed insinuanti, morbidamente dolci e addobbati con capricciosa grazia su agili tavolini dalle gambe snelle e mosse. In certe case le tavole erano diventate paurosamente vuote:

varie mense di moda sono assai limitate — osservava con qualche preoccupazione G.B. Roberti — : ed a me è avvenuto di mangiare colle posate d'oro quando non v'era da mangiare...; chi vive la vita inerte e sregolata del gran mondo mangia d'ordinario pochissimo; e più di uno, mercè il disordine della sua sanità, dopo aver bevuto la mattina il latte di asina, è obbligato contentarsi a pranzo di un pollo lesso e di una zuppa di erbe contro allo scorbuto.[12]

Queste salottiere donne di mondo, languide, dispeptiche, disappetenti, frigidamente colloquiali fino allo svenimento, diversamente dalle donne del secolo precedente che di cibi potentemente aromatizzati amavano riempirsi con acre bramosia, temevano il gusto caldo, animale, della lussuria istintiva e della carne. Anche l'amore veniva, come il cibo, più parlato e guardato che goduto. Coerente con le procedure sociali, il libertinaggio, largamente praticato, è un segno di intellettualizzazione dei giuochi erotici, di fruizione oziosa e svagata del corpo.

La calda femminilità barocca poteva mostrare emblemi muliebri di tutt'altra tempra. Caterina di Braganza, moglie di Carlo II d'Inghilterra campeggia nella galleria delle femmine calde secentesche. Lorenzo Magalotti, il finissimo «espion florentin» che ne riferiva al suo Signore, il bigottissimo Cosimo III, s'infiltrava con occhio e naso indiscreti fin dentro la più riposta intimità, i suoi più segreti comportamenti fisiologici e le sue attitudini sessuali. La nobile portoghese di «temperamento straordinariamente caldo ed adusto... con tanta effervescenza di sangue», «sottoposta spessissimo a purghe straordinarie... ell'è di sua natura fuor di modo sensibile ai piaceri». Anzi, la «dolcezza ne viene in lei così estrema che, dopo lo sfogo ordinario di quegli umori che la violenza del gusto spreme anche alle donne, dalle parti genitali ne viene in sì gran copia il sangue che talora non resta per qualche giorno».[13]

Tanto eccesso di caldi liquidi, di vischiosi umori, di sfibranti dolcezze pare fosse favorito — secondo Magalotti — dall'«uso smoderato delle spezierie spolverizzate nelle vivande, dell'ambra e del muschio nelle confetture». Intemperanze del genere tendono a rarefarsi nel Settecento che, negli odori, nei sapori, nei profumi si allontanava vertiginosamente dal recente passato.

Le donne deliziose del Quattrocento e del Cinquecento, anzi pure del secolo passato e spezialmente le spagnuole... erano sempre odorifere. Il muschio, l'ambra, l'incenso non le offendevano; ed oggi cadono svenute e si agitano convulse all'insulto del solo spirito della melissa. Fatevi render la ragione, ch'io ignoro, da codesti dotti fisici di sì strana diversità di affezioni; onde altri quasi direbbe che in diversa foggia dalla passata sieno tessuti li temperamenti. Qualche volta mi entra all'animo suspizione che in siffatti sdegni contro agli odori abbia luogo qualche particola di leziosaggine e di affettata svenevolezza.[14]

Se l'aborrimento per l'ambra, il fastidio per il muschio nelle confetture e il disgusto per i piatti fortemente speziati ed aromatizzati delle intellettuali dame del Settecento può servire a delineare con più cura nei dettagli il ritratto della dama galante incline non solo ad estenuanti conversazioni e a notturni giuochi di società, ma anche ad un eros morbido e sofisticato dondolante sopra una ragnatela di cerimoniali d'allontanamento più che di abbandono sensuale, si può supporre che la dieta illuminata dalla ragione e liberata dai sensi più grevi e inferiori non fosse particolarmente adatta a stimolare venerei furori di tanta straordinaria intensità come quelli che circolavano nelle vene del sangue di Braganza. Le dame del Settecento che, a parere dell'abate Galiani, amavano più colla testa che col cuore, erano donne «cui», osservava l'abate-romanziere bresciano Pietro Chiari, «putono fin le rose».[15] La tavola doveva presentarsi *in domino*, velata da un giuoco di apparenze e d'infingimenti, e i cibi mascherati come in una interminabile commedia degli inganni.

Il gran male di questi tempi — faceva notare l'abate Chiari in una lettera scritta a una «dama di qualità» nel 1749 — si è che la natura medesima in erbe, frutti, pesci, animali e volatili non sa più cosa produrre che sia di nostro gusto e piacere. I cibi usati fin qui non sono più cibi degni di noi, se nelle cucine nostre non perdono sin la figura ed il nome. Si mette, per alterarli, in opera quante scorze d'alberi e quante droghe ne comunicò dopo il suo scoprimento l'America. Ci vogliono mille ingredienti per ogni piatto, che non ha di alcuno di essi il sapore; e que' medesimi che ne inghiottono sin la saliva, non sapriano dirsi che cosa sia. Senza sapere l'ingordigia umana cosa si faccia, cerca dalle frutta, dalle radici e dall'erbe sempre nuovi condimenti alle antiche vivande; e poi ne lascia a tal fine sfumare per più ore sul fuoco il sugo loro più spiritoso ed il più sostanziale vigore. I cuochi sono al dì d'oggi più in pregio che non erano gli scultori in Atene; e pure, dove ben si consideri, mettersi dovrebbero alla condizione medesima de' più grossolani vasai. Questi colla ruota e col fuoco, or la figura d'un boccale, or quella d'un fiasco, prender fanno alla creta, che sempre è creta; e mascherano quelli in mille differenti maniere la carne, che sempre è carne. Povera gente! per ogni verso compatibili sono poiché, se così non facessero, non troveriano padrone e si morrebbero di fame. Si vogliono in una tavola, niente che sia solenne, almen cento piatti d'apparenza e di gusto non solo differentissimi ma tra loro contrari, e non più assaggiati e stravaganti all'eccesso. Si scartano subitamente i cibi usati dal volgo, le carni più a buon mercato, le frutta, e l'erbe che son di stagione e i pesci di mediocre grandezza; tutte le quali cose comparir non possono a quella mensa se non mascherate *in domino*, che neppur il diavolo le ravvisi per quel che sono... Adesso non si vogliono che cose pellegrine e rarissime, pregiandosi le fraghe in gennaio e l'uva in aprile, ed i carciofi in settembre.

Almeno, Madama, con queste scelte, con queste alterazioni e cautele appagar si potesse l'umana ingordigia; né la delicatezza de' moderni palati ci movesse tutto giorno lo stomaco. L'odore solo della cipolla e dell'aglio fa che più d'una manca ed isviene; non bastando a farla rinvenire quanti balsami e quintessenze consumavano due funerali d'Egitto. Alla contessa N.N. le quaglie aggravano lo stomaco; le paste ingrossano il sangue; esalta il latte la bile; lubricano le lattughe il ventre; le droghe infiammano la gola; l'ostriche levano l'appetito; e due gocciole sole di vino nostrano le mandano de' gran vapori alla testa. Ho più volte osservata alla vostra lautissima tavola la moglie dell'avvocato N.N., la quale, affamata quanto la lupa che balia fu di Romolo e Remo, pietanza non trova che di suo gusto pur sia. D'ogni boccone che gli si porga sul piatto facendo con la forchetta un'esattissima notomia, lo volta e rivolta, lo drizza e rovescia, e l'esamina di sopra, di sotto, dai lati, di dentro e di fuori, quasi non sappia da qual parte cominciar a mangiarselo. Aggrinza il naso, socchiude gli occhi, torce la bocca, quando l'assaggia; e se questo è scipito, quello esser deve troppo salato; se l'uno è dolce di soverchio, l'altro è di soverchio amaro; quando scotta, quando è freddo; or è duro, or è disfatto; non vorria né grasso, né magro; non limone, né zucchero; non oglio, né aceto; non pane né focaccia; non acqua, né vino; non arrosto, né allesso; non il malanno, né il canchero che se la divori con tutte le sue smorfie divoratrici, ed affamate grandezze.[16]

La leziosa, programmata anoressia delle imparruccate dame del secolo illuminato appare tanto più rilevante se confrontata alla bulimia delle aromatizzate dame secentesche. Svogliatura, schifiltosità, languido distacco dai cibi, disappetenza regolata, leziosaggine ricercata, desiderio ostentato di leggerezza corporale e di alacrità intellettuale diventano moda tanto diffusa da contagiare anche i commensali:

... il barone N.N. — osservava l'abate Chiari nella lettera *De' cibi appruovati, e disappruovati dall'uso* — ogni cosa fa con quella delicatezza medesima con cui la farebbe Narciso... questi più piatti muta, che non mangia bocconi... Amante della singolarità e dell'affettazione in ogni suo gesto, mangerà il pane colla forchetta e col cucchiaio la torta... Per cercare la più delicata parte d'un pollo, farà d'ossa spolpate un cimiterio; e metterà col cucchiaio in burrasca un catino di salsa, per pescarvi nel suo più fondo un boletto. Sedendo casualmente a qualche dama vicino, a forza di stimolarla a mangiare, perder le fa l'appetito; non contento di trinciarle sul piatto i bocconi, vorrebbe che le servissero di forchetta le sue delicatissime dita ed imboccarsi lasciasse come una gazza.[17]

In un mondo siffatto in cui il sogno della leggerezza diventa imperativo sociale e pensiero dominante, la «pluralità degli amori» e la volubilità sentimentale si sdoppiano nella pluralità dei piaceri: fra questi, il piacere della vista, il primato dell'occhio fa passare in secondo piano il richiamo dei piaceri forti della tavola. E se accanto al *Tempio del gusto* si apre il *Tempio dell'infedeltà* («sembra il tradir virtù» cantava Carlo Innocenzo Frugoni), le nuove sacerdotesse di questi riti mondani sembrano accarezzare con gli occhi, più che gustarli col palato, i cibi e le pur appetitose ed invitanti vivande.

I piatti devono offrire un bel colpo d'occhio, un paesaggio delicato, variato, dolce, morbidamente voluttuoso come una pastorale arcadica, una festa campestre, un trattenimento galante in giardino. Diventa necessario «dipingere e figurare i piatti»,[18] offrire agli occhi «tante salse, tanti colori, tante figure» e insieme tanti nomi «mentiti e strani».[19] Il pranzo vuole essere leggero e cantato come una canzonetta per musica o carezzevole come una anacreontica, grazioso come una *petite poésie*, scintillante come una gemma o cesellato come un cammeo. I piaceri della immaginazione vengono prefigurati e pregustati dai piaceri morbidi della tavola la quale, più che soddisfare e saziare, deve suggerire predisponendo alla *rêverie*, al viaggio sentimentale, all'*embarquement pour Citère*. Le *bigarrures de l'esprit* amano essere delicatamente evocate da policromi pastelli, da variegati e screziati trastulli di bocca, da bagatelle e da *petits rien* zuccherati, da eleganti *bibelots* confettati mentre sussurrate *chansonnettes* accarezzano le orecchie.

Il gusto del secolo era incline più a vedere e a sentire che ad assaporare ed inghiottire. L'occhio accentua la sua distanza dal gusto trasformandosi in una sua cauta e accorta antenna. Si preferiva guardare i fiori più che odorarne gli effluvi: le primavere si imbalsamavano in artificiali e squisiti giardini di porcellana, di seta, di tela, di cera, di carta, di piuma e, sulla tavola, di «zucchero e confetto».

Madama di Pompadour invitò un giorno d'inverno alla sua celebre villetta di *Bellevue* Luigi xv il cui animo ella si assottigliava destare colla novità degli spettacoli dalla noia dell'uniformità. Sedeva il Re entro adornatissima stanza, quando per magia di occulte macchine la volubile camera tacitamente si aggirò e fu trasportata sopra un giardino vaghissimo distinto tutto e dipinto a porcellane, che lo infioravano.[20]

Il conte-abate Roberti, scrivendo a una «ornatissima e gentilissima dama» che gli aveva inviato in dono un giardino da camera di seta e tela

io senza far viaggio — le confessava — e giacendo nella mia grande scranna (che gli uomini ingrati chiamano ignominiosamente *poltrona*, quasi fosse sempre favoreggiatrice di poltronìa) a mio agio contemplo nell'inverno del 1784 un giardino nel mio scrittoio... È vero che que' fiori francesi eran di porcellana: ma ciò significa che avevano alcuni gradi di più d'incertezza nella lor vita, potendosi rompere più agevolmente. Lì fior di lieve tela e di flessibile seta che voi, o Dama liberalissima, mi avete spedito in dono grazioso, io gli stimo più che gli altri di ogni altra maniera.[21]

Nella «dilettazione degli odori» il Settecento si discosta dalla «grande metafisica voluttuosa»[22] dell'età barocca, ispirata dalla «metafisica spagnuola» delle «mantechiglie e dei polvigli» che, trapiantata in Italia, raggiunse raffinatezze vertiginose ed estasi voluttuose fra i «ghiotti mistici», al punto che gli «Accademici Odoristi di Toscana... sdegnavano ogni fragranza che non fusse peregrina, composta e squisita; e odoravano una semplice rosa solo per mortificazione».[23]

NOTE

1 Giovambatista Roberti, *Annotazioni sopra la Umanità del secolo decimottavo*, in *Raccolta di varie operette dell'Abate Conte G.R.*, cit., t. v, p. LIII.
2 *Ibid.*, pp. XLIV-XLVI.
3 *Ibid.*, pp. XV-XVI.
4 G. Roberti, *Lettera ad un vecchio e ricco Signore feudatario...*, in *Scelta di lettere erudite del padre G.R.*, cit., pp. 123-24.
5 Joseph de Maistre, *Les soirées de Saint-Pétersbourg ou entretiens sur le gouvernement temporel de la Providence*, Bruxelles, Meline, Cans et Cie., 1837, p. 62.
6 *Annotazioni sopra la Umanità del secolo decimottavo*, cit., pp. CXVII-CXVIII.
7 G. Roberti, *Lettere a un vecchio e ricco Signore feudatario...*, cit., p. 136 e *passim*.
8 Francesco Algarotti, *Epistole in versi*, «A Lesbia», in *Opere*, cit., t. I, p. 50.
9 G. Roberti, *Lettera a un vecchio e ricco Signore feudatario*, cit., p. 142.
10 *Ibid.*, pp. 142-43.
11 *Ibid.*, pp. 127-28.
12 *Ibid.*, p. 127.
13 Lorenzo Magalotti, *Relazione d'Inghilterra dell'anno 1668*, in *Relazioni di viaggio in Inghilterra Francia e Svezia*, a cura di W. Moretti, Bari, Laterza, 1968, pp. 56-57.
14 G. Roberti, *Lettera sopra i fiori*, in *Raccolta di varie operette dell'abate conte G.R.*, cit., t. IV, pp. VI-VII.
15 Pietro Chiari, *De' cibi appruovati, e disappruovati dall'uso*, in *Lettere scelte di*

varie materie piacevoli, critiche, ed erudite scritte ad una dama di qualità, Venezia, Angelo Pasinelli, 1751, t. II, p. 209.

16 *Ibid.*, pp. 209-12.

17 *Ibid.*, p. 212-13.

18 G. Roberti, *Lettera ad un vecchio e ricco Signore feudatario...*, cit., p. 125.

19 *Ibid.*

20 G. Roberti, *Lettera sopra i fiori*, cit., t. IV, p. IV.

21 *Ibid.*

22 *Ibid.*, p. VIII.

23 G. Roberti, *Lettera di un bambino di sedici mesi colle annotazioni di un filosofo*, in *Raccolta di varie operette del padre G.R..*, cit., t. II, p. LXXIII.

Il progressivo allontanamento del Settecento dal secolo precedente può essere avvertito osservando il passaggio dal gusto complicato, denso di aromi forti della cioccolata barocca a quello più semplice e lineare della cioccolata illuministica, preparata mescolando semplicemente zucchero e cacao con una leggera passata di vaniglia e cannella.

Nel secondo Seicento, osservava Francesco Redi,

l'uso in Europa è diventato comunissimo e particolarmente nelle Corti de' principi e nelle case de' nobili; credendosi che possa fortificare lo stomaco e che abbia mille altre virtù profittevoli alla sanità. La Corte di Spagna fu la prima in Europa a ricever tal uso. E veramente in Ispagna vi si manipola il cioccolatte di tutta perfezione: ma alla perfezione spagnuola è stato a' nostri tempi nella corte di Toscana aggiunto un non so che di più squisita gentilezza, per la novità degl'ingredienti europei, essendosi trovato il modo d'introdurvi le scorze fresche de' cedrati e de' limoncelli, e l'odore gentilissimo del gelsomino, che mescolato colla cannella, colle vainiglie, coll'ambra e col muschio fa un sentire stupendo a coloro che del cioccolatte si dilettano.[1]

Tanta «squisita gentilezza» però doveva rimanere sepolta nei palazzi medicei. La formula era un segreto di Stato che il gelosissimo Cosimo (come aveva fatto per il «gelsomino del cuore») non voleva cadesse in mani estranee. L'ordine dato al suo archiatra e soprintendente alla speziaria era tassativo: le procedure e le dosi della lavorazione del cioccolato al gelsomino non dovevano uscire dalla «fonderia» granducale. Quando nel 1680 Diacinto Cestoni, valoroso microscopista dell'équipe rediana e speziale sottile, gli chiese la ricetta, Francesco Redi, solitamente gentile con tutti e legato da particolare affetto al naturalista livornese strenuo studioso dei camaleonti, gli rispose con una lettera dalla quale traspare chiaramente il suo disappunto per l'inopportuna richiesta.

Mi dispiace che V.S. mi abbia domandato di una cosa, la quale io ho ordine espresso di non palesare. Cioè come si manipoli il cioccolatte con l'odore di gelsomini. Quello che posso dirle si è, che non si fa con l'acqua de' gelsomini, perché il caccao nel lavorarsi non unisce con l'acque, e sebbene vi si può mettere qualche pochina di acqua di odore questa non è tanta che possa dar l'odore di gelsomini a tutta la massa del cioccolatte. E se quest'acqua fosse molta, il cioccolatte non si unirebbe insieme. So che V.S. è discreta, e che sa molto bene insino a dove si può arrivare a parlare.[2]

La reticenza rediana può apparire inspiegabile soltanto se non si tiene presente che il protomedico di Casa Medici, responsabile della spezieria granducale, confidente e cortigiano devoto, non poteva divulgare i segreti che rallegravano l'ipocondriaco e taciturno principe. Dopo la sua morte la ricetta finalmente venne fuori e, tramite Cestoni, la «cioccolata coll'odore di gelsomini» arrivò al grande naturalista Antonio Vallisnieri.

Prendi — vi si leggeva — caccao abbronzato, e ripulito, e stritolato grossamente lib. 10. Gelsomini freschi sufficienti da mescolare con detto caccao, facendo strato sopra strato in una scatola, o altro arnese, e si lasciano stare 24 ore e poi si levano e se ne torna a mettere altrettanti in esso caccao, facendo strato sopra strato, come prima, e così ogni 24 ore si mettono gelsomini freschi per dieci o dodici volte. Poi piglia zucchero bianco buono asciutto lib. 8. Vainiglia perfetta once III, cannella perfetta once VI. Ambra grigia scrop. II e secondo l'arte si fa la cioccolata; avvertendo nel fabbricarla, che la pietra sia poco calda; ma che l'artefice la lavori e che non passi quattro o cinque libbre per massa; perché se scaldasse troppo la pietra, perderebbe la cioccolata il suo odore.[3]

Il recipe misterioso, gelosamente tenuto nascosto nella cassaforte della fonderia di Palazzo Pitti, sognato e bramato da avidi speziali e dai patiti del «brodo indico», oggi non interesserebbe nessuno. Il secolo degli odoristi e di Cyrano fu naturalmente anche quello dei grandi nasi. Canali intellettuali che comunicavano direttamente con la preziosissima camera dell'intelligenza, con l'umida materia cerebrale, essi entravano nell'epos eroicomico, nella meditazione della fisiognomica, nei capitoli berneschi, nelle prediche edificanti, nei trattati di rinoplastica, nelle ballate grottesche e deformanti della poesia popolare. Poteva succedere che a Firenze un sacro oratore tenesse «alla presenza della granduchessa un predica de' nasi» e ne ritrovasse «di tante razze e così ridicolose che tante non credo che si trovin mai né anco nel paese de' Nasamoni».[4] Nella seconda metà del secolo il profumo del cioccolato esercitava una irresistibile attrazione su nasi e palati di principi e di cardinali, di medici e di gesuiti. Francesco Redi, arcispeziale sapiente, diventa un ingegnoso spedizioniere che sovrintende alla strategia odorosa e alla diplomazia ambrata di Cosimo, maniacale collezionista di gelsomini e di cioccolate ingelsominate. Nel 1689 parte dal Palazzo fiorentino diretto al padre Paolo Antonio Appiani della Compagnia di Gesù un prezioso pacco contenente quel «cioccolatte che col suo viglietto mi dice desiderare. Egli è in sei bogli di sei diverse sorte, tra le quali quella di ambra, quella di Spagna e quella di gelsomini dovrebbono essere le migliori».[5] L'anno prima aveva mandato a un altro gesuita, il padre Tommaso Strozzi, uno scrigno colmo di rare, inaudite squisitezze, accompagnandolo con una lettera odorosissima.

Assaggi — gli scriveva — un poco il polviglio del Tonc. Oh di questo certamente io credo che V. Reverenza non ne abbia mai assaggiato, imperocché è la nuova moda, e la moda che è solamente tra personaggi di alto affare; ed è polviglio puro, tal quale fu prodotto dalla madre natura, senza artifizio di odore veruno veruno: gnene mando un piccolo saggio, perché di questo non ne tocca a tutti i cristiani. L'accompagno con alcuni altri saggi maggiori di iacinti, di vainiglie, di giunchiglie, di mughetti, di ambra, di muschi greci e di puro del Brasil... Il cioccolatte di gelsomini, che in dodici bogli le mando, potrà portarlo per assaggio de' suoi amici a Napoli.[6]

Consulente segreto, eminenza grigia della speziería medicea, nume tutelare di confetture, liquori, profumi, manteche, polvigli era Lorenzo Magalotti che dalla Spagna aveva portato un ricco scartafaccio di confetterie aromatiche. Era lui il credenziere occulto che faceva arrivare nelle mani di Redi ricette per la cioccolata d'agrumi, per quella di gelsomini, per la cioccolata alla Frangipane, per le pastiglie e per le cioccolate di fiori.

Assaggi tanto delicati e preziosi non potevano rimanere senza effetto. Convertito al culto della nuova manna, il padre Strozzi si mise subito a comporre (anche su preghiera del protofisico granducale dalle cui mani passavano tutte le meraviglie che dai paesi d'oltremare approdavano sui moli di Livorno) una «galantissima poesia». Era una lunga, articolata ricetta in raffinati versi latini, nella quale il dotto sacerdote, «gran teologo e predicatore insigne della Compagnia di Gesù», insegnava non le tecniche per schivare la dannazione eterna ma la «maniera di manipolare il cioccolatte in pasta, e di ridurlo poscia in foggia d'una bevanda ogni qualvolta che voglia prendersi».[7] La cioccolata e l'eternità felice non erano incompatibili.

L'infatuazione collettiva per il «cioccolatte», di cui i gesuiti erano stati araldi, cantori, pionieri e importatori, parve solo sfiorare gli altri ambienti cattolici e gli altri ordini religiosi. I domenicani, tradizionali rivali della Compagnia di Gesù, e molti altri ordini presero posizione contro l'«uso, e più tosto l'abuso d'alcune piante aromate nella bevanda del Messico detta cioccolata».[8] Il padre Giuseppe Girolamo Semenzi, chierico regolare somasco, professore di teologia all'Università di Pavia, qualche anno prima che il padre Strozzi s'immergesse nei più minuti segreti della tecnologia della cioccolata, aveva assaggiato con sospetto il «brodo indico» mettendo in guardia contro i pericoli celati in quella insidiosa bevanda che aveva potere di riscaldare in eccesso il sangue.

> Reca a' labbri europei prora indiana
> Zuccheri di Brasil, noci di Banda,
> E le merci odorifere tramanda
> Il Molucco, e 'l Ceilan da spiaggia strana.
>
> Spumanti ambrosie a ingorda sete e vana
> Ne compongono poi Spagna, ed Olanda,
> E le crete ne imbalsama, e inghirlanda
> A l'Italia civil l'Asia inumana.
>
> Or la vainiglia, ora 'l cacao si noma,
> Quindi pien di fragranze 'l lusso augusto
> Non invidia i lor sorsi a Menfi e a Roma.
>
> Spesso però n'avvampa il sangue adusto
> Per troppo caldo e troppo usato aroma,
> Onde velen fa del rimedio 'l gusto.[9]

Pare di cogliere nel sonetto del religioso somasco una nota di disapprovazione verso l'ondata esotizzante che stava penetrando nei santuari più riservati dell'«Europa non barbara»: il cacao con cui si preparavano «spumanti ambrosie», calde cioccolate per soddisfare «ingorda sete e vana», viene guardato con lo stesso malcelato disprezzo riservato alle porcellane cinesi che l'«Asia inumana» riversava sull'«Italia civil».

Non tutti gli ambienti del mondo cattolico accettarono con lo stesso caldo entusiasmo l'introduzione della cioccolata nei rituali sociali, non tanto per il carattere ispano clericale (come è stato frettolosamente scritto)[10] di questa bevanda cattolico-gesuitica, quanto per ragioni mediche ed economiche.[11] Il caffè invece, che secondo una approssimativa storiografia, viene indicato come bevanda congeniale all'etica protestante, simbolo di laboriosità borghese e di attivismo mercantilistico nordico, trovò in molti ambienti cattolici dell'area meridionale europea estimatori e lodatori.

In un altro sonetto dedicato a questa nuova bevanda, lo stesso teologo somasco, passando in rassegna nel suo *Mondo creato* i «rimedi delle piante salutifere», vi pone il «cauè, overo cafè, bevanda che si fa del frutto d'un albero dell'Arabia Felice, da dove s'è portato nell'Italia».

> Bolle d'alberi eoi frutto spezzato
> Nel cavo rame, e ne l'argento ondoso
> Con mistura di zucchero spumoso
> Fa più soave 'l caldo umor temprato.
> Alzando il fumo un nuvolo pregiato,
> D'egre cervici antidoto odoroso,
> Porge il sugo vital bagno gustoso,
> D'afflitto sen rigagnolo purgato.
> Bevo l'indico sorso in tazza vaga,
> Ed unita al cafè su l'alma cola
> Virtù che sana, ed allegria che appaga.
> Perciò l'umanità ben si consola,
> Che se l'intime parti 'l mondo impiaga,
> Ha balsami d'Arabia ancor la gola.[12]

Nonostante le riserve di medici ed economisti la cioccolata (che fra l'altro aveva il merito, secondo l'autorevole parere di molti illustri teologi, di non rompere il digiuno quaresimale) conobbe una trionfale marcia, accompagnata da quella, altrettanto travolgente, del caffè. In pochi decenni la conquista era tanto consolidata che perfino Bacco, naufragato sulle coste americane, aveva finito col convertirsi alla nuova bevanda:

> Allor compostosi
> In volto placido

Il Nume ignipleno:
Questa, o mie Menadi,
Disse lietissimo,
Questa, o miei Satiri,
Questa ora appellisi
Bevanda alma e sovrana,
Il cioccolatto in lingua americana.[13]

La débâcle del traballante nume era stata clamorosa: soltanto qualche decennio prima aveva giurato e spergiurato che giammai nessuna delle nuove bevande sarebbe arrivata a bagnare le sue labbra:

Non fia già, che il cioccolatte
V'adoprassi, ovvero il tè,
Medicine così fatte
Non saran giammai per me:
Beverei prima il veleno,
Che un bicchier, che fosse pieno
Dell'amaro e reo caffè...

Non solo si era adattato a bere la «bevanda celestiale»,[14] «dell'indiche canne / dolce e candido succo»[15] (quello che Metastasio proponeva a Fille, insegnandole la ricetta) ma aveva dovuto subire l'ultimo oltraggio di sorseggiare «liquor sì ostico, / sì nero e torbido» degno di schiavi e di giannizzeri, tetra bevanda infernale inventata dalle Furie.

Il regno di Bacco fu segnato nel XVIII secolo da un malinconico susseguirsi di rovesci: il caffè invase l'Europa, la cioccolata calda suscitò universali frenesie, l'Inghilterra nella seconda metà del secolo divenne «the Land of Tea» (H. Honour) e perfino il sidro riuscì a sbarcare in Italia. Cantato da Magalotti che tradusse il poemetto di John Philips, *The Cider*,[16] parve incontrare i favori di Cosimo III, con enorme disappunto e scomposti eccessi di un toscano Bacco furibondo per la «vendemmia infame» di «bei pomi rugiadosi»[17] perpetrata nei giardini di Palazzo Pitti sotto lo sguardo compiaciuto del penultimo granduca.

Chicchere, chiccherette, cioccolatiere entrarono a far parte del panorama domestico di palazzi, ville, episcòpi, conventi, case agiate:

Prima bevanda
Ch'ha la ghirlanda,

114

> E tutte abbatte,
> È il cioccolatte,
> Che in alta spuma,
> Gorgoglia e fuma.[18]

Si videro abusi nuovi e si perpetrarono inedite intemperanze. Al limite della tossicodipendenza certi smodati ghiottoni si abbandonarono a spropositate bevute di nettare messicano. «Bastar deve una sola chicchera presa almeno tre ore avanti il pranzo; e male certamente provedono alla salute loro certi ghiotti, che i cantoni tutti fregando della città, a guisa de' medesimi galloppini di Roma, tre o quattro chicchere alla mattina ne beono quando lor venga fatto».[19]

Se non abusi, furono indubbiamente errori metodologici, incertezze sull'uso, stravaganze di novizi, confidenze avventurose quelle che caratterizzarono l'impiego del cacao nel primo Settecento quando il cerimoniale non si era ancora fissato e le tecniche erano ancora oscillanti in un confuso sperimentalismo.

> Alcuni son sì stolidi,
> Che la spuma, che innalzasi
> Su gli orli della chichera,
> Col soffio via la gittano.
> Evvi chi fa de' brindisi,
> Come fosse alla tavola,
> Allor che il vino beesi,
> E più nappi si votano.
> Pensan far gli spargirici
> L'acquevite aggredevoli
> Col cioccolato infusovi,
> E un nuovo inchiostro creano.
> A me reca gran spiacere
> Una pessima invenzione,
> Di sconciar la bevigione
> Col mischiarvi paste nere:
> E s'è quella economia,
> Non mi par che giusta sia.
> Né son ben persuaso
> Di colui, che talora
> Col cioccolato odora
> Il suo tabacco, e ne impiastriccia il naso.
> Senza nausea pur non passo
> De i ghiottoni qualche setta,
> Che lasciando l'acqua schietta,
> Se lo beon col brodo grasso;

115

E mi annoia per mia fè,
Chi lo mischia col caffè,
O coll'acqua d'erba thè.
　V'è chi ponvi il tuorlo dell'uovo,
Ma un enorme guazzabuglio,
Un chimerico miscuglio
Più di questo non ritrovo...
　Anche i cuochi a lor capricci
Se lo caccian ne i pasticci,
E fra molte picciolette
Di pastiglia scattolette
L'imprigionano:
Quindi null'altro cagionano,
Che cangiar buona bevanda
In iscipita vivanda.
　Certo cuoco, a cui mancato
Il formaggio era in cucina,
Sovra nobil polentina
Dispensò ben grattugiato
Bolli due di cioccolato:
E tale novità fu così accetta,
Che gli Apici ne voller la ricetta.
　Desinando in un convito
L'assaggiai fatto in salsetta,
Ma per dirvela alla schietta,
Non aguzza l'appetito.
　Nel torrone già s'è posto,
Nelle torte ha 'l primo loco:
Anzi un dì spero che il cuoco
Colle quaglie il metta arrosto,
Escludendosi 'l pan santo,
O che almen ve 'l metta accanto.[20]

Fra tanti «disordini»,[21] Francesco Arisi, che a questa «bevanda dilicata cui si apprestano le coppe nelle più maestose stanze
de' Principi e de' Prelati più venerabili» aveva dedicato un lungo ditirambo offrendolo al vescovo di Cremona Alessandro Lit-
ta, annovera la biasimevole costumanza di consumarla ghiacciata e non bollente, rimproverando

　　... que' svogliatissimi,
Che di giugno e di luglio,
E i dì della Canicola
Il cioccolato ingozzano
Gelato, gelatissimo,
E in pezzetti di ghiaccio
Con gusto se lo ingollano...[22]

Il Settecento, infatti, per quanto riguarda l'alternanza del freddo e del caldo, del gelato e del bollente, fu un secolo incline a un dolce e tollerante eclettismo. Se netta fu la vittoria sul Seicento innamorato dei liquidi algenti, se irresistibile fu l'avanzata e il definitivo trionfo delle bevande calde come il caffè, il tè, la cioccolata, altrettanto universale fu il rinnovato affetto verso i sorbetti, i gelati, gli sciroppi, le acque e le bevande ghiacciate: l'«amandolata», la «lattata», la «limonea», l'acqua cedrata, di gelsomini, di limoncelli.

L'età barocca, dominata dall'incubo agrodolce del «serviziale», delle purghe grandi e terribili (il molieresco Argan incarna il prototipo più illustre di questa bassa schiavitù da stalla), il secolo che visse la grande disputa sull'uso sociale e terapeutico del tabacco (contro questa mirabile erba da poco arrivata in Europa anche Giacomo d'Inghilterra scese in campo con una dura diatriba, il *Counter-blaste to tobacco*, scagliandosi contro «this vile custom of tobacco taking»), fu anche l'epoca che adoperò le tecniche del freddo per estendere ed arricchire il raggio del piacere. Un eroe «culturale» come il cardinale Moncada con i suoi voluttuosi, olezzanti clisteri non aveva rappresentato un caso isolato. Il «lusso» d'introdurre il fumo del tabacco caldo col cannello, per via australe, se aveva dalla sua solidissime argomentazioni *pro sanitate tuenda*, dati i precedenti, non è immune dal sospetto di contorte e complicate tecnologie contrabbandanti insieme salute e voluttà.

Quello che è più considerabile... si è che oggi in tutte le straniere contrade e nelle nostre ancora molti uomini sicuramente e senza pericolo pigliano per bocca il fummo del tabacco, di cui così fattamente il palato e tutte le circonvicine parti s'imbevono, che posson maestrevolmente respingerlo fuora e per gli occhi e per gli orecchi e per le narici; ed in ciò il lusso tant'oltre si è avanzato, che hanno rinvenuto un ingegnoso modo e facilissimo di far passare quel fummo per alcuni canaletti seppelliti nella neve, da' quali egli dipoi sbocca così gelato che non porta invidia alla più fredda tramontana. Molti non contenti di prenderlo per bocca, con novella arte e con novello stromento, in vece di serviziale si empiono di quel fummo, ma però caldo, le budella, e lo trovano giovevole a molte malattie più contumaci e in particulare alla doglia colica.[23]

L'ambivalenza nell'uso del tabacco (freddo per bocca, caldo *intra nates*) si riflette nella pratica del bere e nel doppio regime che i nuovi prodotti d'oltremare introducono nel mondo dei ricchi. Il bere freddo però era stato nella seconda parte del Seicento uno dei più manifesti segnali dell'affrancazione da un inveterato canone medico che proibiva l'uso di bevande annevate negli stati febbrili. Fu forse la più consistente scossa inferta all'edificio galenico, per altro ancora solidissimo, l'aver «battuto finalmente in giornata campale il fegato, che fece tanto sangue a' suoi giorni».[24] Gli anatomisti moderni, osservava spiritosamente Magalotti,

han fatto la guerra a tutti gli errori degli antichi; e dopo una lunga alternativa di scoperte e di vittorie... l'han levato di posto, e in qualità di viscere gregario, e poco meno che ozioso, l'hanno in fine seppellito vivo, e celebrategli l'essequie per ignominia, non per onore.[25]

La detronizzazione del fegato e la dichiarazione di morte del suo «imperio», proclamata nel 1653 in un memorabile epigramma dal celebre anatomista danese Thomas Bartholin, avevano portato a una singolare inversione di tendenza nella terapia di alcune malattie: venivano consigliate da celebri medici come Redi «scorpacciate di visciole colte colla rugiada» da consumarsi la mattina a digiuno, purghe primaverili con canestrelli di fragole, «pappate di fichi gentili» e, «negli ardori delle terzane», «una tazza di visciole o di pernicone [una qualità di susine] in neve».[26]

Fin dalla prima metà del Seicento, infatti, il modificarsi di un antico paradigma scientifico (la scoperta della centralità del cuore e l'abbassamento del fegato a «viscere gregario», insieme al tramonto della «opinione erronea e tanto dannosa di avere lo stomaco freddo»)[27] aveva portato alla rivoluzionaria novità terapeutica negli accessi febbrili, pratica severamente vietata nella vecchia medicina che, relegata ormai nei paesi non toccati dalla ventata della scienza moderna, sopravviveva nella Spagna, paese in forte ritardo culturale rispetto all'Italia, alla Francia e all'Inghilterra.

In Madrid era, intorno a quarant'anni sono — ricordava Magalotti in una delle sue lettere contro l'ateismo nel 1680, abbozzando un singolare quadretto di vita spagnola dove i ricchi infermi si abbandonavano a «bevute visuali» — un uomo il quale nei mesi della state aveva una strana, ma pure assai galante industria per vivere. Andava

egli attorno alle case dei febbricitanti di condizione sull'ore che essi
ardevano; e perché di quel tempo il patir la sete faceva alla febbre
quell'istesso bene che le fa adesso il bere, dava loro a bere per gli occhi, quel che non potevano bere per la bocca, in questo modo. Si pa-
rava egli davanti al letto, e sostenendo con tutte due le mani un gran
rinfrescatoio di cristallo tutto appannato e grondante dal gelo dell'acqua, ond'egli era pieno, facendo brindisi alla salute dell'infermo, se
l'appressava alle labbra e chiudendo gli occhi, colla medesima stenta-
ta soavità con cui altri si tirerebbe giù una giara di poche oncie, se lo
beveva tutto ad un fiato. Mi diceva mio fratello, il quale si era trovato a pagar parecchie di queste bevute visuali una dobla l'una, che non
è mai dicibile quel che ei sentiva in un misto di gola, di ristoro, di
maraviglia, di dolcezza, di liquefazione.[28]

Francesco Redi (era lui l'ammalato di stomaco che si curava
con una «pappata di fichi gentili»), medico di prudente consiglio e di illuminato scetticismo («in capo a tanti secoli che vi
son medici e poeti», diceva ridendo, «non ha per meno difficile
il trovar una ricetta nuova in medicina che un pensier nuovo in
amore»),[29] diventò il sostenitore più convinto dell'unione fra
ghiaccio e vino.

> Purché gelato sia, e sia puretto,
> Gelato, quale alla stagion del gielo
> Il più freddo Aquilon fischia pel cielo.
> Cantinette e cantinplore
> Stieno in pronto a tutte l'ore
> Con forbite bombolette
> Chiuse e strette tra le brine
> Delle nevi cristalline.
> Son le nevi il quinto elemento
> Che compongono il vero bevere:
> Ben è folle chi spera ricevere
> Senza nevi nel bere un contento:
> Venga pur da Vallombrosa
> Neve a josa,
> Venga pur da ogni biccocca
> Neve in chiocca...[30]

Il toscano Bacco, che viveva «costantissimo / nel volerlo ar-
cifreddissimo», aveva adottato una tecnologia del freddo che si
avvaleva di grotte naturali o di serbatoi artificiali (le «conserve» dove si pigiavano le nevi trasportate dalle più alte giogaie
degli Appennini) e di un ingegnoso vaso di vetro, la cantimplora, che «empiendosi di vino ha nel mezzo un vano, nel quale si

mettono pezzi di ghiaccio o di neve per rinfrescarlo, ed ha un lungo e grosso collo, che sorge da uno de' fianchi a foggia d'annaffiatoio. Oggi [ai tempi di F. Redi] non è molto in uso; ed alla Corte si chiamano cantinplore quei vasi d'argento, o d'altro metallo, che capaci d'una o più bocce di vetro, servono per rinfrescare il vino e l'acque col ghiaccio».[31]

Il tramonto della vitrea cantimplora, sostituita dal secchiello di metallo, accompagna l'evolversi e il modificarsi degli stili conviviali che passano dalla fastosa rappresentazione unidimensionale del banchetto rinascimentale e barocco alla frantumazione settecentesca in una serie di cerimoniali intimi nei quali i liquidi caldi e quelli freddi si alternano secondo le ore della giornata. Le bevande calde sembrano preferire il quadrante diurno e una privatizzazione del tempo in spazi ristretti (la camera da letto, il *boudoir*): tè, caffè, cioccolata si consumano in una dimensione intima e privata, in colazioni del mattino (*petit déjeuner*) che accompagnano il *lever* o il risveglio, o in pranzi non ufficiali, in incontri informali e confidenziali (*petit souper*). Quelle fredde, a parte le merende estive, si accoppiano preferibilmente ai gala e ai ricevimenti solenni. Cioccolatiere, teiere, caffettiere, sorbettiere si spartiscono le ore della giornata e scandiscono i tempi delle quattro stagioni. L'alternanza delle bevande calde e di quelle fredde segna il distacco dai pranzi all'antica dominati dai liquidi annevati e ghiacciati. Il teatro mondano oscilla entro una «finzione / parte bollente / e parte algente», prigioniero di una «lusinghiera» e «menzognera» «corte ribalda» che ne dà «una fredda e una calda».[32]

NOTE

1 Francesco Redi, *Annotazioni di F.R. al Ditirambo*, in *Opere di F.R.*, cit., vol. I, p. 74.

2 F. Redi, *Lettere di F.R. Patrizio aretino*, cit., vol. II, p. 32.

3 *Ibid.*

4 F. Redi, *Scelta di lettere familiari di F.R.*, Venezia, Girolamo Tasso, 1846, p. 186.

5 *Ibid.*, p. 189.

6 *Ibid.*, p. 187.

7 F. Redi, *Annotazioni di F.R. al Ditirambo*, in *Opere di F.R.*, cit., vol. I, pp. 78-79.

8 *Il Mondo Creato diviso nelle sette giornate. Poesie mistiche del P.D. Giuseppe*

Girolamo Semenzi Chierico Regolare Somasco Professore di Sacra Teologia nella Regia Università di Pavia, Milano, Carlo Antonio Malatesta, 1686, p. 196.

9 *Ibid.*

10 Cfr. Wolfgang Schivelbush, *Das Paradies, der Geschmack und die Vernunft. Il paradiso, il gusto e il buonsenso. Una storia dei generi voluttuari*, Bari-Roma, De Donato, 1988.

11 «Non si può numerare il danaro che oggidì spendono gli Europei nel cacao e nelle altre droghe della cioccolata. Il Signor Dottor Crescenzio Vaselli, Senese, rigradevole non meno per gentil compitezza che per dottrina, avvertì questa cosa prudentemente in una sua lettera, scrittami poco fa, dicendo, che "se non ci fosse altra ragione di perseguitare e sbandire la cioccolata, dovrebbe farsi per sola politica: non mancando a noi cose domestiche e naturali che possono allettare la gola senza sospetto di danno"».

(*Parere intorno all'uso della cioccolata scritto in una lettera dal Conte Dottor Gio. Battista Felici all'illustrissima Signora Lisabetta Girolami D'Ambra*, Firenze, Giuseppe Manni, 1728, p. 67).

12 G.G. Semenzi, *Il Mondo Creato*, cit., p. 194. Fra i primi a narrare l'«istoria medica del cavè» fu il conte Luigi Ferdinando Marsili che, fatto prigioniero dei Turchi dovette, come schiavo, «per molti giorni in una fumicata tenda esercitare l'arte di cuoco del cavè». V. la sua *Bevanda asiatica*, Vienna, Gio. Van Ghelen, 1685, di recente (Bologna 1986) ripresentata in veste critica, con dotte note da Clemente Mazzotta. Marsili, fra le altre doti, riconosceva al caffè il potere di rendere «l'intelletto chiaro» (p. 46 dell'ediz. viennese).

13 Marcello Malaspina, *Bacco in America*, in *Raccolta di varij poemetti lirici, drammatici e ditirambici degli Arcadi*, Roma, Antonio de' Rossi, 1722, vol. ix delle *Rime*, pp. 381-82.

14 Adelasto Anascalio, *Intorno la ciocolata*, in *Saggio di lettere piacevoli, critiche, morali, scientifiche e instruttive in versi martelliani*, Venezia, Marcellino Piotto, 1759, p. 97.

15 Pietro Metastasio, *La cioccolata*, cantata, in *Tutte le opere di P.M.*, a cura di B. Brunelli, Milano, Mondadori, 1965, vol. ii, p. 729.

16 *Il Sidro*. Poema tradotto dall'inglese dal Conte Lorenzo Magalotti, edizione seconda, Firenze, Andrea Bonducci, 1752 (i ed. Firenze 1744). È la traduzione in endecasillabi sciolti di *The Cider* di John Philips.

17 L. Magalotti, *Il Sidro*, in *Canzonette anacreontiche di Lindoro Elateo*, cit., p. 80.

18 Girolamo Baruffaldi, *Le nozze saccheggiate*, in *Baccanali*, cit., vol. i, p. 36.

19 Giovanni Dallabona, *Dell'uso e dell'abuso del caffè. Dissertazione storico-fisico-medica del dottor G.D. Seconda edizione con aggiunte, massime intorno la cioccolata ed il rosolì*, Verona, Pierantonio Berno, 1760^2, p. 81.

20 Francesco Arisi, *Il Cioccolato. Trattenimento ditirambico di F. A., Eufemo Batio tra gli Arcadi*, Cremona, stamperia di Pietro Ricchini, 1736, pp. 8-10.

21 *Ibid.*, p. 6.

22 *Ibid.*, pp. 6-7.

23 F. Redi, *Esperienze intorno a diverse cose naturali e particolarmente a quelle che ci son portate dall'Indie*, cit., pp. 236-37.

24 L. Magalotti, *Lettere familiari* [contro l'ateismo], cit., parte i, p. 126.

25 *Ibid.*

26 *Ibid.*, p. 130.

27 F. Redi, Lettera a Diacinto Marmi del 25 febbraio 1683, in *Scelta di lettere familiari di F.R.*, cit., p. 142. Cfr. *Consulti medici e opuscoli minori*, cit., 205: «Molti ammalati e molti medici s'ingannano soventemente in questa falsa

opinione dello stomaco freddo e del fegato, caldo; e quel che più ridicoloso mi pare si è, che della freddezza del povero stomaco ne danno la colpa alla soverchia caldezza di quell'insolentone del fegato, e ne portano certe ragioni e certi motivi che si disdirebbono in bocca alle nostre vecchierelle, quando le sere d'inverno raccontano le novellette a' loro fanciulli».

28 L. Magalotti, *Lettere familiari* [contro l'ateismo], cit., pp. 11-12.
29 *Ibid.*, p. 130
30 F. Redi, *Bacco in Toscana*, in *Opere di F.R.*, cit., t. i, p. 10.
31 F. Redi, *Annotazioni di F.R. al Ditirambo*, cit., pp. 120-121.
32 G. Baruffaldi, *Le nozze saccheggiate*, cit., p. 40.

A mano a mano che il XVII secolo s'inoltra nel XVIII, quanto più veloci scorrono i giorni e si illuminano le notti dell'età che riforma il presente smantellando il passato, la vecchia, collaudata sinergia fra bocca e naso sembra lentamente sfaldarsi. Certi singolari personaggi del piccolo barocco, del Seicento che entra in Arcadia, tendono ad uscire dalla scena. Un «gentiluom tutto sapere» come il cavalier Giovan Battista D'Ambra, *dandy* fiorentino *fin de siècle*, un esteta amico di Magalotti che aveva «virtuosa infin la bocca, e 'l naso»[1] (così lo presentava nella sua *Bucchereide* l'eccentrico anatomista Lorenzo Bellini, investigatore degli strumenti del piacere orale nel *Gustus organum novissime deprehensum*, 1665), diventa un personaggio sempre più raro. Ossessionato da un odorismo assorbente ed esclusivo, da una mistica degli aromi che sembra anelare a stadi conoscitivi superiori, raggiungibili soltanto attraverso una dilatazione dell'anima galleggiante fra le illuminazioni e le intuizioni profumate, sacerdote di un rito segreto riservato a pochi iniziati sconfinante nell'eresia del privilegio monopolistico della conoscenza rarefatta, intuita oltre la soglia dei sistemi logici, il cavalier D'Ambra che «mille inventa odori eletti, / fa ventagli e guancialetti; / fa soavi profumiere, / e ricchissime cunziere, / fa polvigli, / fa borsigli, / che per certo son perfetti / ...fin da' gioghi del Perù, / e da' boschi del Tolù / fa venire, / sto per dire, / mille droghe, e forse più...»,[2] collezionista maniacale d'un confuso *bric-à-brac* botanico-farmacologico di gusto secentesco, non si sarebbe trovato a suo agio nel *cabinet* dei nuovi filosofi. La mistica odorista, nata forse in un clima di snobistico revisionismo della nuova scienza, risposta «debole», morbida e sfumata a una massiccia ed esclusiva geometrizzazione del cosmo e delle conoscenze umane affidate alla logica impassibile dei numeri e alla gelida, inodore geometria delle forme, non può incunearsi nei salotti settecenteschi dediti al culto della fisica e delle scienze esatte, né sopravvivere in un ambiente culturale in cui l'indiscrezione dei profumi, lo spionaggio olfattivo, violano troppo pesantemente la sfera privata protetta da una cortina di composta e misurata sensibilità matematica che accarezza forme dolcemente policrome, morbidamente sfumate, ingentilite nei volumi aggraziati e miniaturizzati. È, in un'altra sfera, il passaggio dal superlativo al diminutivo, dall'iperbolico al ragionevole.

Ultimo esemplare di una fauna secentesca in via d'estinzione, questo gentiluomo all'alambicco, devoto al tamburlano, distilla odori e seleziona sapori in un perfetto bipolarismo fra bocca e naso. La cucina timbrica e policroma, visualizzata e sezionata, accostata ma non amalgamata, la cucina dell'occhio settecentesca non è di sua competenza.

> Così sempre celiando, e gioviale
> Gli è dell'odoreria la quintessenza,
> E del suo naso, tanto è dottorale,
> Fin gli starnuti sono una sentenza,
> La qual degli odoristi al tribunale
> Si registra ne' dì di conferenza,
> Coll'intervento de' più ghiotti ghiotti,
> De' quali è patriarca il Magalotti.
>
> Né senza il fior della ghiottoneria
> Far si può quest'autentica nasale,
> Perché fur sempre di consorteria
> La bocca e 'l naso nel bene, e nel male;
> E par, che 'l concordato fra lor sia,
> Che 'l sapore, e l'odor solo allor vale
> Quando anche al naso è buon quel che s'imbocca,
> E anch'è buon quel, che innasi alla bocca.
>
> Quindi all'odoristezza egli accompagna
> La saporisteria fina e perfetta,
> E porta le ricette di cuccagna
> Per esso apposta corriere o staffetta;
> E né spesa, né briga si sparagna,
> Perché alla prova venga la ricetta...[3]

E tuttavia, il gran balì dell'Accademia degli Odoristi di Toscana «che aveano sempre per le mani le ricette dell'Infanta Isabella e di Don Florenzo de Ullhoa... signori che sdegnavano ogni fragranza che non fusse peregrina, composta e squisita»,[4] anticipa la passione settecentesca per le cineserie, per l'esotismo orientale e per quello tropicale, il gusto per le porcellane, i *bibelots*, gli arredamenti, la chincaglieria salottiera importata dal lontano Catai o dal remoto Cipango.

Il collezionismo eclettico, la scienza curiosa che aveva mosso il cavalier D'Ambra a stipare nella sua *Wunderkammer* di gusto tardo-barocco non ancora trasformata in *cabinet* di storia naturale[5] tutte le meraviglie che le Indie occidentali e quelle orientali potevano mostrare, soffre ancora di gigantismo accumulatorio secentesco. In perfetta coerenza con l'architettura del suo ipertrofico palazzo-magazzino dove la snella «maniera» fiorentina convive, in stridente *mésalliance* con la «barbarie» esotica e nel quale «per l'alta pompa e la creanza / par, ch'e' s'aspetti un Papa in ogni stanza».

E con questi suoi modi imperiali
L'è non sol trionfal nel ciel toscano,
Ma s'è fatto infin l'Indie geniali,
Che son dal ciel chinese al peruano:
E de' lor doni o d'arte, o naturali
S'è fatto un gabinetto di sua mano
Unico al mondo per le gemme e l'or,
Sol un n'ha un po' più grande il gran Mogor.

E al gabinetto il resto corrisponde
Del suo quartier, ch'è una regia sovrana,
In cui l'architettura si confonde
Di maniera barbarica e toscana,
E il Giappone, e 'l Brasil vi si nasconde:
Ma un Giappone e un Brasil alla romana,
In cui per l'alta pompa e la creanza
Par, ch'e' s'aspetti un Papa in ogni stanza.[6]

Nel suo magazzino di meraviglie botaniche, il raffinato amatore di tesori vegetali e di anticaglie aveva raccolto «qual più rara pianta ogn'India ha in sé».

E mille pelle conce, e mille fiori
S'aggiunga a questo, e tutti stravaganti,
Nuovi tutti d'odor, nuovi colori,
E tante tante terre, in cui gli pianti,
E tutte fatte venir di difuori,

E d'Ostro, e Borea, e Ponenti, e Levanti,
E v'è fin della terra del Tunchino,
Che fa nascer dorè lo scarnatino.[7]

Fiori, conce, erbe, terre, alberi dai nomi barbarici, al punto
che «se tu vuoi guarir gli spiritati / senz'altro unguento d'esor-
cizzazione, / gli alberi basta aver sol nominati / che fan gli
scettri all'indiche corone»:[8]

Iraperanga, sercandam, mambù,
Totake, rametul, coatl, chaoba,
Tunal, tamalapatra, araticù,
Cacakuaquahuitl, hacchio, bacoba,
Calampart, anda, munduyquacù
(Pensa se il diavol regge a questa roba)
Baobat, ietaiba, quaichtlepopotl,
Bonduch, arecca, acajarba, achiotl.[9]

Cacao, tabacco, peperone, china-china, coca... l'erario bota-
nico e farmaceutico europeo stava accrescendosi vertiginosamente. Sovrano fra tutti gli odoristi giganteggiava il «terribil
conte», l'«arduo Magalotti / Patriarca de' satrapi e de' ghiotti».

Parlare enfatico,
Pensier estatico,
Saper più, che gran grammatico,
Andar più su, che dodici Nembrotti,
Questo è desso, il Magalotti.[10]

Nella «cicalata» recitata da Lorenzo Bellini nell'Accademia
della Crusca «per lo stravizzo del dì 13 settembre dell'anno
1699», l'«eroe di naso», che confessava d'essere a tavola «un
povero moschettiere (salve certe bagattelle, il forte delle quali è
nell'odore, onde più che vivande possono chiamarsi profumi
per introversione)»,[11] il grande mattatore dei profumi, detto in
Accademia il Sollevato, pontificava con morbido dispotismo,
accogliendo sotto il suo patronato il «cicalatore» della serata, il
lunatico anatomista autore della *Bucchereide*.

Egli è quel vostro bel pezzo di masserizia accademica, quel Satra-
pon tutto mente, e mente tutta fatta a spicchi di polpe d'oracoli, e
d'entragnas di misteri, incibreate e rigonfie d'emulazion di semi di

mondi e di midollami d'idee, il vostro Sollevato, alla di cui bontà perciò, e non a me, vo' dovete saper grado, se v'avete stasera chi vi baloc-
chi; e' l'ha raccapezzato di Goga Magoga per via di quelle tante cor-
rispondenze, ch'egli ha infin colle balene del Nort, e cogli zipoli del
Nangan; e vuol di più, ch'io vi dica anco da parte sua, che voi abbia-
te in qualche considerazione ben distinta il cicalator che vedrete in
questa bugnola...[12]

Ma sotto il parruccone dell'accademico si protendeva un naso le cui «papille nervose, delle quali è tutta come trapuntata e
fiocchettata la tunica del sensorio» producevano un «contino-
vato stuzzicamento del sensibile» che metteva in movimento
per «suffumigio spirituale» un cervello mostruosamente prensi-
le e capace di sollevarsi dalle essenze odorose alla metafisica celeste. Sotto «quei bei gotoni giovialocci innaffiati di cervogia,
concimati e rimpinzati di burro» (come gli scriveva facetamen-
te Francesco Redi mandandogli «mille saporitissimi baci»)[13] si
nascondeva un «animo tutto inteso ad una squisita perfezione
in tutte le sue operazioni»:

... ancora nell'umili e piccole cose egli era Sollevato, e grande. Mira-
telo immerso negli odori, maneggiar fiori e buccheri e trattare odorifere manipolazioni, e in altre guise, come alcuno follemente giudiche-
rebbe, perdere il tempo... Non s'abbassava egli all'umili cose, ma
quelle sublimava. Non altramente il nostro Sollevato ingrandiva le
piccole cose e innalzava le basse e l'abiette nobilitava, e come purga-
tissimo di gusto ch'egli era, tutte a squisita perfezione conduceva. E
quella stessa, che al volgo ignaro sembrava morbidezza e delicatezza
soverchia, non era che desiderio di perfezione...[14]

Intransigente mistagogo di questa «voluttuosa liturgia» degli
odori, era riuscito a far sì che perfino i suoi servitori, anche
quelli più rozzi che non distinguevano il timo dalla maggiora-
na, a poco a poco ritrovassero

il pelo nell'uovo alle conce le più delicate, a manipolare, a inventare,
a alterare, a rinvenire, e indovinare, a forza di fiuto, non dico i tre
mattadori di profumeria, l'ambra, il mustio e il zibetto, che a questo
ci vuol poco: ma e fiori e agrumi, e radiche ed erbe, e pali d'aquila e
zidre, e ciaccherandà, e calambucchi, e aloè, e nisi, e gomme, e rage, e
tracantidi, e balsami, e anìmi, e quinquine, e boli, e buccheri e quanti
altri

Nomi da fare spiritare i cani,
Da fare sbigottire un cimitero.[15]

1 Lorenzo Bellini, *La bucchereide*, Bologna, Masi, 1823, parte I, proemio II, p. 154, ott. 98, v. 3.

2 Francesco Redi, *Bacco in Toscana*, in *Opere*, cit., pp. 18-19.

3 L. Bellini, *La bucchereide*, cit., parte I, proemio II, pp. 154-55, ott. 99-101.

4 Giovambatista Roberti, *Lettera di un bambino di sedici mesi*, cit., p. LXXIII.

5 Cfr. Krzyszrtof Pomian, *Collectionneurs, amateurs et curieux. Paris, Venise: XVIe-XVIIIe siècle*, Paris, Gallimard, 1987 (*Collezionisti, amatori e curiosi. Parigi-Venezia XVI-XVIII secolo*, Milano, il Saggiatore, 1989, in particolare le pp. 61-82).

6 L. Bellini, *La bucchereide*, cit., parte II, proemio II, pp. 18-19, ott. 39-40.

7 *Ibid.*, parte I, proemio II, p. 155, ott. 103.

8 *Ibid.*, parte II, proemio II, p. 25, ott. 65.

9 *Ibid.*, p. 25, ott. 66.

10 *Ibid.*, parte I, proemio I, p. 97-98.

11 Lorenzo Magalotti, *Lettere sopra i buccheri*, cit., p. 306.

12 L. Bellini, *La bucchereide*, cit., «Cicalata del dottor L.B. per servir di proemio alla Bucchereide, recitata nell'Accademia della Crusca per lo Stravizzo del dì 13 settembre dell'anno 1699», pp. 68-69.

13 *Scelta di lettere familiari di Francesco Redi*, Venezia, Tasso, 1846. p. 145.

14 Giuseppe Averani, *Delle lodi del conte Magalotti nell'Accademia della Crusca detto il Sollevato. Orazione funerale di G.A. detta nell'Accademia della Crusca il dì 18 agosto 1712*, in G. Averani, *Lezioni toscane di varia letteratura*, Firenze, Gaetano Albrizzini, 1766², pp. 253 e 255.

15 L. Magalotti, *Lettere sopra i buccheri*, cit., pp. 310-11.

Nelle «gran sale» dei palazzi dagli «aurei tetti»,[1] la tavola settecentesca «dal sen lucente degli argenti schietti, / e delle stranie crete, apre e dispensa / i meditati suoi sapori eletti»:[2] sapori fini e pastellati, riflessivi e meditati secondo lo stile di una cucina misurata e composta, pensata per commensali frizzanti e spiritosi, per sensibili «attillati damerini»[3] e per dame leggere che si muovevano, seguendo i ritmi e le cadenze della nuova gestualità, tra argenterie e suppellettili finissime, tra aeree e sottilissime porcellane che sembravano esprimere, con le loro fragili presenze, lo stesso *esprit de finesse* delle mani che le muovevano. Porcellane delicate di «sassonica argilla», «per cui l'arte cinese dall'Europa è vinta»,[4] chiccere, teiere, caffettiere, «tondini e piattellini», smalti e miniature, sorbettiere e cioccolatiere, delicatezze d'arredo e d'addobbo diventano parte integrante della recita del pranzo, anticipo visivo garante delle preziose delizie del gusto, segni che indirizzano verso la «ricerca della felicità».

Nelle smaglianti sale dove la luce di mille candele riflessa negli «esatti cristalli» si riverberava sulle pareti dai teneri colori alla crema o al pistacchio

... in mezzo ai cavalieri accolte,
sul leggiadro fiorir de' più fresch'anni,
stan l'alte donne vagamente avvolte
tra i ricchi fregi degli allegri panni;
ed ora a gentil gioco intese e volte
poson su i molli e neghittosi scanni;
or intreccian notturni, agili balli
al folgorar de' lucidi cristalli.[5]

Il pranzo tende a diventare vagamente immaginario, appendice morbidamente convenzionale di rituali sociali che in altri spazi e in altri momenti celebrano i loro congressi. Altre lusinghe accarezzano il desiderio, altri piaceri illanguidiscono l'appetito. Altre seduzioni emanano dagli aggraziati interni orientaleggianti dove la dama «puote a sua posta in ciotola cinese / d'indiche frutta assaporare il succo».[6] Dai tavolini altre tentazioni mandano voluttuosi, irresistibili messaggi:

> Intanto messicana cioccolata
> altri bea, che già fuma occhiuta e odora;
> altri l'ambrosia tenera e gelata
> del sorbetto, che fragola colora;
> altri gli ignei liquor di vite nata,
> o d'Espero ne' regni, o dell'aurora;
> e chi m'ascolta abbia egizian caffè,
> colla chinese placida erba tè.[7]

Le delizie della credenza e le raffinatezze del *dessert* attendono il bel mondo galante.

I piatti si sono rimpiccioliti perché, abbandonata la «maniera vecchia»,[8] l'antiquato stile barocco quando «si mangiava con certa abbondosa liberalità che consolava l'assiso commensale, il quale si satollava sgombro dal timore di tor via il buon boccone, se non dalla forchetta, forse dal desiderio del compagno»,[9] i moderni vogliono «intingoli deliziosissimi»,[10] «intrisi» e «quinte essenze di sughi»;[11] i nuovi «sibariti»,[12] i «ricchi voluttuosi talvolta hanno perduto e come logorato il gusto a forza di usarlo e vogliono la energia delle salse, e vogliono ancora il consumato d'ogni carnaggio per fuggire la fatica stessa del masticare».[13]

Ne' pranzi detti magnifici — deprecava un vecchio feudatario che riviveva nostalgicamente il tempo perduto della *grandeur* barocca —, la schiera dei piattellini e delle scodellette è infinita, ma di sì misera capacità che appena ciascuno ne può beccare un pezzuolo o assorbirne un ciantellino... certe case dopo la comparigione dei conviti assottigliano la scarsa mensa ordinaria facendosi allora l'elogio della sana semplicità; e se tuttavia si serba cert'aria di apparecchio, c'è il pasticcio che si appella della *settimana*, perché dura un'intera settimana, e quella che madama di Maintenon in una sua lettera famosa scritta alla d'Aubigné chiama *pyramide éternelle*.[14]

Non bisogna prendere troppo alla lettera le deplorazioni del nobile signore nostalgico della mensa feudale fino al punto di credere che la «sana semplicità» sfiorasse ognora la soglia della fame. Nel Settecento, chi voleva e poteva mangiava ancora con fastosa abbondanza.

Non è certamente il caso di pensare ai «piatti dei sovrani e degli Dei».[15] Luigi XIV — come sosteneva «il signor Mercier» secondo cui in Francia non si sapeva «mangiare che da cinquant'anni in qua»[16] — non assaggiò mai durante il suo interminabile regno *de la garbure*,* pur non conoscendo ristrettezze né economiche né di piattellini. Tuttavia il principe illuminato e squisito *par excellence*, Federico il Grande, che aveva lodato in versi il pasticcio *à la sardanapale* consigliatogli dal suo maestro di casa, pur amando sedere a tavola per tre ore, la sera prima ordinava «le vivande (in numero per altro limitato) a cuochi di nazioni diverse»,[17] ed egli medesimo suggeriva «consigli ed esperimenti».[18] Prussiano ma cosmopolita fino in fondo, stratega di finissima qualità anche in cucina, ammirevolmente internazionalista senz'ombra di sciovinismo culinario.

Nel Settecento, certi «nobilissimi stravizzi»[19] si praticavano ancora diffusamente, ma i ricchi cercavano soprattutto «il raffinamento e la novità e la varietà».[20]

Le carte abbondano di favolosi, diluvianti parassiti, di *cicisbei del dente*, come li chiamava Carlo Innocenzo Frugoni che ben conosceva le ricche tavole di Bologna e di Parma. A Milano il principe Tolomeo Trivulzio, il benemerito fondatore del Pio Luogo omonimo (ne parla Pietro Verri in una lettera del 1770), da vero «Lombardo Sardanapalo»:

faceva dare una educazione ai polli per più mesi, purgandoli prima, poi pascendoli a erbe odorose e legumi preparati; uomo che faceva nutrire un bue per due e più anni, sempre a puro latte, per avere una carne divinamente succulenta; che friggeva le uova col grasso di beccafichi! Questo è il nostro Newton; e non è il solo milanese di questo genere,

> *Ché l'antico valore*
> *Negli italici cor non è ancor spento.*[21]

In «materia mangiativa» Roma e Napoli, con tutti i loro antiquari, grecisti, esteti neoclassicheggianti, con tutti gli adoratori sognanti del bello ideale, non potevano veramente conoscere

---

* Zuppa di cavoli, piatto tipico della Guascogna.

— secondo il giudizio di Pietro Verri — le «delizie del velo palatino» perché «questo», diceva, «è mestiere assolutamente gallico e di tutta la Gallia». Il ritorno all'antico, almeno sulla tavola, produceva illusioni e disincanti.

Non so se sia vero che il Principe di San Severo, in Napoli, volle un giorno dare una cena servita all'antica, e preparata con Petronio, Orazio, ecc. alla mano, dalla quale gli antiquari partirono affamati.[22]

Fortunatamente Raimondo di Sangro, il principe alchimista che si diceva avesse trovato la formula per ottenere sangue artificiale, ebbe il buon gusto di limitarsi alle sperimentazioni dei classici senza lasciarsi sedurre dagli stravaganti *exploits* culinari di certi imperatori del basso Impero come Eliogabalo, il quale, come l'archeologia gastronomica settecentesca stava portando alla luce,

straboccchevolmente in ogni cosa lussuriante, in alcun giorno faceva apprestare tutta la cena d'erbaggio, in altro di frutte: quando tutta di cibi dolci e melati, e quando di vivande fatte di latte. Imperocché egli aveva credenzieri sì esperti ed ammaestrati nell'arte di manipolare le cose dolci e i latticini, che tutte quante le vivande che i cuochi facevano di carne e di pesce e di tánte e sì diverse sorte di animali, questi con maravigliosa imitazione le facevano di latte e di mèle, ed altresì i pomi tutti in mille guise contraffacevano.[23]

Correvano allora gli anni in cui i cerimoniali conviviali degli antichi ritornavano, dopo il Rinascimento, ad essere nuovamente oggetto di rivisitazioni erudite in perfetto sincronismo con le scoperte archeologiche ercolanee e romane, con la passione diffusa per le «anticaglie», la romanità, la grecità.

Mentre le *Lezioni toscane* dell'accademico cruscante Giuseppe Averani sopra i *Conviti pubblici de' Romani, e della loro magnificenza* — parzialmente anticipate dal medico ferrarese Giuseppe Lanzoni, amico di Francesco Redi, nel suo «divertimento erudito» *Dell'uso delle ghirlande e degli unguenti ne' conviti degli antichi* (Ferrara, 1698) e da molte altre sue pagine — venivano ristampate e rilette a Firenze (1766), nella Roma di Clemente XIII Winckelmann e Mengs lavoravano in coppia alla riscoperta e alla rilettura dell'antichità classica. In una Roma dove — durante la stagione carnevalesca — «castrati vestiti da principesse» con «occhiate languide ed atti amorosi» facevano impazzire gli abati romani che «per questi Antinoi»[24] venivano devastati da indecenti passioni.

Intanto Alessandro Verri, fra una passione e l'altra, fra una passeggiata e una cena galante, attendeva a studiare duramente il greco con agi ben maggiori dell'efebico prussiano che «occupatissimo dalla mattina fin'alla sera» poteva scrivere nel suo buon italiano «Manduco panem meum in sudore faciei meae particolarmente il Sabbato quando mi tocca a far cucina».[25] Quando però Winckelmann veniva invitato a cena da Giacomo Casanova poteva trovare consolante riposo alle sue diuturne fatiche antiquarie e alla sua febbre ellenizzante, specialmente dopo qualche bottiglia del suo vino preferito, l'Orvieto. Ospite senza dubbio più delicato e amabile del suo sodale nel bello Anton Raphael Mengs che, a casa, si ubriacava quotidianamente (dimentico dei «princìpi» delle belle arti) per umiliare con i suoi eccessi brutali la bella moglie Margherita Guazzi in Mengs, che per un certo tempo aveva diviso cameratescamente con Winckelmann, il sensibile «doctor umbraticus» finito sgozzato in una locanda triestina da un bel ganimede da marciapiede. «Caparbio e crudele», racconta Giacomo Casanova, Mengs «s'alzava di tavola, a casa sua, sempre ebbro: ma fuori beveva solo acqua». L'antiquaria, dopo i monumentali lavori di Montfaucon e del conte di Caylus, era diventata una grande febbre collettiva che divorava l'Europa colta. A tal punto che l'abate Étienne Bonnot di Condillac, che fra l'altro era un «buon commensale», a Roma, in un giorno del 1775, «considerando che nessuno lo invitava a pranzo e che tutti gli mostravano delle statue, non si poté trattenere dall'esclamare: *quel beau pays si on mangeoit des statues!*».[26]

Ben diverso fu il trattamento riservato a Pietro Leopoldo i, granduca di Toscana, quando arrivò a Roma nel 1769: quantunque amasse «sommamente le antichità», il Conclave, anziché rarità di scavo, gli spedì «centotrenta facchini carichi di roba; la maggior parte commestibile: presciutti, ratafià, acquavita, mortadella, caffè, cioccolata, confetture; due vitelli vivi, un pezzo della S. Croce, legato in oro, ecc. cosicché sembrava la marcia di Iarba re de' Mori. I facchini erano straordinariamente cenciosi e cascavano a pezzi».[27]

A Roma, nonostante la divorante passione per le antichità, persisteva, solidissima, la tradizione conviviale delle grandi casate e dell'agape prelatizia. Il cardinale Domenico Passionei, «il pascià di Fossombrone», prefetto della Vaticana e bibliofilo squisito, nemico acerrimo dei gesuiti, amico di Giacomo Casanova e protettore di Johann Joachim Winckelmann, nel suo dorato ritiro suburbano di «Camaldoli»

sui colli di Roma, quando egli deponeva il cappello rosso e ne pigliava uno di paglia bionda e chiamava «fra tale e fra tale» i compagni di villeggiatura, e celle le loro camere; ma intanto que' frati non andavano né in coro a cantar melodie, né in refettorio a mangiar erbe e frittate; e i legni del Brasile e i pagodi della China, le bottiglie del Capo di Buona Speranza, i pasticci colle pernici del Perigord erano le idee che risvegliava quel voluttuoso monacato.[28]

Papa Ganganelli, invece, l'ex-cappuccino liquidatore dei gesuiti che il voluttuoso Passionei chiamava pubblicamente «un coglione», nonostante la sua austera disciplina di mensa, quando fece affrescare la sua «vita domestica» sulle pareti di Castelgandolfo, volle essere dipinto in «abito bianco equitatorio» galoppante «a cavallo, seguitato da certa sua bassa famiglia di cuochi, sottocuochi, guatteri e scopatori in ritratti riconoscibili, che veramente erano le persone che si teneva vicine». In un altro lato si ammirava «la stessa Santità Sua al passeggio e, non molto discosto, un certo guattero di corte, sopranominato il *setteminestra*, celebre per il favore del Principe, da cui ottenne questa piacevolissima denominazione».[29] Strana cavalcata evangelica quella del Vicario di Cristo, ritratto circondato dalla sua corte di umili, sguatteri, scopatori, cuochi, o còlto durante confidenziali passeggiate col semplice (o sapiente) mozzo di cucina. Un clamoroso rovesciamento della gerarchia, una folgorante allegoria del detronizzamento e dell'umiltà incarnata. Purtroppo tanta familiarità con la sua devota brigata di cucina non lo preservò dal veleno propinatogli (così si disse) su mandato gesuitico.

Nei grandi palazzi principeschi, come in quello dei Ruspoli, certe serate avevano un tono d'alta classe, in stile neoclassico. Nel 1775, in un ricevimento dato in onore dell'Arciduca d'Austria, dopo la corsa dei berberi,

si passò... in una galleria dove stava una tavola per cento persone almeno, tutta servita a gelati con un *dessert* a colmati, templi, giardini, statue di porcellane, il tutto pieno di fasto e di ricchezza. Poi si scese al pian terreno e si entrò in una ben addobbata sala da ballo, che corrispondeva ad un giardino tutto nuovamente artefatto e bene illuminato. Dal lato della sala da ballo era appoggiato un pergolato ornato di statue da cui per mezzo di qualche gradino scendevasi nel giardino. In faccia v'era il monte Parnasso con Apollo e le nove Muse e Pegaso in atto di battere l'ugna, sotto della quale scaturiva l'Ippocrene. Dagli altri due lati stavano sopra querce disposte come colonnato due orchestre. Tutti i vasi di agrumi erano illuminati con lumi nascosti dentro grossi limoni vuotati, di modo che ne traspariva il chiaro fuori della sottile corteccia. Sotto le orchestre stavano le altre due fontane con statue. I riparti del *parterre* erano di arene a vari colori misti con polvere lucida di vetro. Intorno poi più in alto terminava la scena con *berceau* verde, ornato di statue. Il tutto artificiale, comprese le statue che erano di carta pesta e le fontane che si sono formate espressamente in questa occasione.[30]

A Milano in casa Imbonati, a una *soirée* offerta nel 1774 dal principe Chigi con *grandeur* romana, le pareti erano tappezzate da «ornati presi tutti dall'antico Ercolano». Il «fasto e la squisitezza non erano minori, fra specchi, tele dipinte, volte posticce, pavimenti coperti di panno verde, *buffet* in scenografia teatrale».

Ogni dama ebbe un magnifico mazzo di fiori, poi aranci, poi squisiti rinfreschi sempre in moto... Verso mezzanotte comparve il *buffet*. Senza sussurro si piantarono due gran tavole nella prima sala e da venti piccole tavole all'intorno; lo spazio diminuiva, eppure era incredibile la previdenza che in ogni canto aveva distribuito chi serviva e invitava. I principi e varie dame si posero a sedere e così fece chi potè e volle altre tavole. La profusione de' pesci di mare, frutti di mare, tartufi, fagiani, pernici ecc., vini è sorprendente: mi annoiavano colle offerte; ho veduto degli indiscreti poco lontani a saziarsi di ostriche; Tokai e a capo. Terminata la cena, lestamente scomparvero e si apparecchiò nuova mensa di eguale squisitezza e alla seconda si sostituì la terza in modo che, terminata la festa colla notte, co' resti si diede lautamente ai suonatori una cena cogli avanzi della ingordigia pubblica. Si vuole che Chigi abbia speso da sei mila zecchini.[31]

L'illuminazione — aveva osservato Pietro Verri — era «grandiosa». Spenti i lumi, alla fine della notte (era il 16 febbraio), la festa, multipla e interminabile, finalmente finì.

1 Giovambatista Roberti, *La moda*, in *Raccolta di varie operette del padre G.R.*, cit., t. I, p. XXI, ott. IX.

2 *Ibid.*

3 *Ibid.*, p. XXX, ott. XXVII.

4 Francesco Algarotti, *Epistole in versi*, in *Opere*, cit., t. I, p. 9: «Alla Maestà di Augusto III. Re di Polonia, Elettor di Sassonia».

5 G. Roberti, *La moda*, cit., p. XXII, ott. X.

6 F. Algarotti, «A Pietro Grimani. Doge di Venezia», *Epistole in versi*, in *Opere*, cit., t. I, p. 11.

7 G. Roberti, *La moda*, cit., p. XXII, ott. XI.

8 G. Roberti, *Lettera ad un vecchio e ricco Signore feudatario*, in *Scelta di lettere erudite*, cit., p. 126.

9 *Ibid.*

10 *Ibid.*, p. 129.

11 *Ibid.*, p. 126.

12 *Ibid.*, p. 129.

13 *Ibid.*, p. 130.

14 *Ibid.*, pp. 126-27.

15 *Ibid.*, p. 129.

16 *Ibid.*

17 *Ibid.*

18 *Ibid.*

19 *Ibid.*

20 *Ibid.*

21 *Carteggio di Pietro e di Alessandro Verri dal 1766 al 1797*, cit., vol. III, p. 308.

22 *Ibid.*, p. 309.

23 Giuseppe Averani, *Lezioni toscane di varia letteratura...*, cit., t. III, p. 73.

24 *Carteggio di Pietro e di Alessandro Verri*, cit., vol. VI, p. 25.

25 Johann Joachim Winckelmann, *Lettere italiane*, a cura di G. Zampa, Milano, Feltrinelli, 1961, p. 93.

26 *Carteggio di Pietro e di Alessandro Verri*, cit., vol. VII, p. 260.

27 *Ibid.*, vol. II, p. 191.

28 G. Roberti, *Lettera ad un vecchio e ricco Signore feudatario*, in *Scelta di lettere erudite*, cit., pp. 111-12.

29 *Carteggio di Pietro e di Alessandro Verri*, cit., vol. VII, p. 66.

30 *Ibid.*, p. 198.

31 *Ibid.*, vol. VI, p. 183.

La provincia italiana fu solo sfiorata dalle squisitezze del nuovo corso intellettuale e dalla magnificenza elegante dei saloni nobiliari. Sconosciuta era la regolata misura predicata dai riformatori a nord del Po. Il desinare ordinario rimaneva sostanzialmente inalterato nella seconda metà come nei primi anni del Settecento. Nel ducato di Parma e Piacenza, ad esempio, un pranzo in una delle sue osterie non si allontanava troppo verso la fine del secolo da quello che venne servito nel primo decennio del Settecento, a prezzo fisso, al padre domenicano G.B. Labat il quale, sceso da cavallo, in una locanda di Borgo San Donnino si vide portare

une soupe de petits pois, un ragoût, des animelles ou ris de veau frits, et un gros pigeon rôti. L'hôte me vint voir, et me fit apporter un jambon. Il m'excitait à boire et à manger. J'eus encore des artichauts à la poivrade, des fraises et du fromage excellent, avec du vin blanc et rouge à la neige.[1]

Una minestra lenta o zuppa, uno stufato, un fritto, un arrosto (a parte il vino annevato, di tradizione secentesca) continueranno almeno fino all'Ottocento ad essere la struttura fondamentale di una colazione dell'Italia settentrionale.

Ma anche in molte città la riforma illuministica della tavola incontrò fra i ceti più elevati tenaci resistenze e ostinati rifiuti. Il «mangiar largo» sopravviveva felicemente a tutte le riforme e a tutte le mode. Almeno fra gli uomini. A Bologna Giampietro Zanotti, accademico clementino e teorico del bello pittorico che l'abate Roberti trovava spesso «dormicchiante presso il domestico focolaio della sua spaziosa e lucente cucina»,[2] ignorò tranquillamente la riforma culinaria riuscendo a raggiungere e ad oltrepassare la soglia dei novanta anni senza rinuncia alcuna ai piaceri antichi della mensa larga e saporita:

di vasta e forte corporatura — così lo rammentava G.B. Roberti — egli fu di un appetito eccellente... Egli era mangiator largo di buono ma grosso cibo, quale si era una fettaccia scelta di manzo succoso. Ricordomi che, essendo vicin di lui in una tavola, non so s'io gli offerissi con bel garbo, com'io mi lusingava, un beccafico od un ortolano. Ed egli ricusandolo mi rispose che dalla quaglia in giù non si dilettava di nulla: ma che dalla quaglia in su mi avrebbe servito sino all'aquila.

Nella scala dei volatili e nella serie degli esseri per lui mangiabili poneva le pollastre carezzate in casa dalle fanti, le anitre ben nutrite nella corte del mugnaio ed i polli d'India ponderosi e pettoruti ad uso dell'adulto carnovale. Dissemi un giorno graziosamente scherzando Sua Eccellenza Reverendissima Monsignor Vitaliano Borromeo, Vicelegato di Bologna, ed ora Cardinale prestantissimo di Santa Chiesa, che non voleva più seco a pranzo Giampietro Zanotti perché aveva avuto la temerità di lodare in sua tavola un cappone ed era stato insensibile a certa salsa di tinta rancia (che noi mortali d'Italia chiameremmo brodetto giallo), salsa per altro sì famosa e squisita, che si propone a Parigi quando si fa l'esame di un cuoco.[3]

L'insensibilità di questo illustre bolognese (nato a Parigi nel 1674 e per di più da madre parigina) nei confronti delle salse francesi è indicativa di profonde resistenze e di ancestrali rifiuti che la tradizione opponeva alle nuove mode venute d'Oltralpe. Ma l'episodio ricordato dal padre Roberti è anche particolarmente utile a saggiare le distanze fra la mensa del vicelegato di Bologna e quella, certamente più modesta, del vescovado di Imola, che qualche decennio più tardi, ai tempi del vescovo benedettino Barnaba Chiaramonti (prima che fosse chiamato al soglio papale in anni difficilissimi per l'anello del gran Pescatore), appariva singolarmente refrattaria a quelle salse d'importazione (besciamella esclusa) che i cuochi italiani cosmopoliti e francesizzanti consideravano le «basi fondamentali della buona cucina». «Una saporosa e delicata salsa è l'anima di qualunque eccellente vivanda»,[4] sentenziava Francesco Leonardi. Tanto più eccellenti qualora fossero state impreziosite dallo champagne: «se questo s'impiegherà in luogo del vino ordinario, non solo le salse, ma ancora tutte le vivande averanno un gusto ed un sapore più esquisito e delicato».[5] Non pare proprio che fosse il caso del cuoco del vescovo di Imola, Alberto Alvisi, il quale in cucina non adoperava altro che il «vino dolce generoso»[6] e il sangiovese dal bouquet di viola. Cucina di provincia quella del vescovo della diocesi sul Santerno, legata alle radici profonde della vecchia tradizione romagnola e alla trasmissione dei saperi orali delle vecchie case patriarcali delle terre dell'antico Esarcato. Sarà forse un caso, ma nello scartafaccio lasciatoci dal cuoco Alvisi, non c'è traccia della cioccolata. Né liquida, né solida, mai compare nella credenza di Barnaba Chiaramonti. Forse, fedele alla tradizione benedettina, il vescovo non voleva saperne di questa dolce lusinga tanto sinuosamente legata all'ordine di Sant'Ignazio, che i suoi solerti successori diffusero ovunque, monopolizzandone il commercio e la distribuzione, utilizzandola (andavano sussurrando i loro nemici, che non erano pochi) a fini di strategia politica, per la maggior gloria dell'Onnipotente e della sua Compagnia. Non c'era casa gesuitica che non olezzasse delicatamente di cacao. Ma anche il mondo profano l'accolse con trasporto. Pietro Verri la voleva molto, troppo dolce, perché, gli rammentava scherzosamente il fratello Alessandro parlandogli della cioccolata romana «buona, benché senza vaniglia», «mi ricordo che così ti piace per somma depravazione».[7] E da Milano il fratello illuminista lo riforniva abbondantemente: «ho finalmente ricevuto il vino, la cioccolata e le stampe», lo ringraziava da Roma Alessandro nel 1772, «la cioccolata è squisitissima. Il cacao è tutto caracca e la vaniglia perfetta. Non se ne fa in Roma di così buona».[8] A Bologna, Pier Iacopo Martello, che ne *Lo starnuto di Ercole* criticava la mania francese «nel mantenere l'ordine e la disposizione delle vivande dalle fragranti lor zuppe ai piramidali desserts»,[9] ne *Il vero parigino italiano* si mostrava affascinato dal «brodo indiano, che tanto a me piace, e che più d'ogni altra cosa mi genera nella testa i pellegrini pensieri».[10]

Anche il padre Roberti, «placido e lieto gesuita»,[11] come diceva di lui il conte subalpino Benvenuto di San Raffaele, «dalla natura conformato di pasta grossa alla buona» e, come troppo modestamente si autodefiniva, «letterato grosso alla buona» che guardava con ironia i «letterati fini», i quali «aspirano oggi al vanto della mobilità dilicata nel sistema nervoso, poiché, secondo il lor giudicare, è una significazione d'ingegno vivido ed agile», e che pur non soffriva di «emicranie, ipocondrie, vapori, convulsioni» «propri spezialmente de' be' geni», quando ricercava momenti di estro, non invocava mai né Apollo, né le Muse ma sorbiva «una chicchera di cioccolata e più spesso un caffé».[12]

E quando a Bologna (vi rimase quasi un quarto di secolo,

fino al giorno in cui i gesuiti furono snidati *manu militari* dal collegio di Santa Lucia) riceveva nella sua «cameretta» «il sig. dottor Francesco Zanotti...»

a quel poeta, a quel filosofo, a quell'autore divino io presentava un ciotolone colmo di cioccolato, e sul mio tavolino erano già presti sopra una mondissima guantiera certi pani simili al pane di Spagna, ma di esso migliori, composti in Venezia da mani verginali, gialli quanto l'oro di quella zecca, larghi, grossi, morbidi, spugnosi, dilicatissimi. La Crusca non mi aiuta a saperli ben definire e spiegare: noi qui li chiamiamo *savoiardi*; e se mai avessero tal nome perché fossero di origine savoiarda, io ringrazierò l'egregio Signor Conte [il cavaliere Benvenuto Robbio conte di San Rafaele, destinatario della lettera] che la sua Savoia ci mandi galanterie dolci sì prelibate.
Il vecchio e digiuno, dopo avere colle labbra scoronata la chicchera della sua prima spuma rigogliosa, le immergeva dentro quel pastume tenero ed opportuno ai denti che non aveva. Ma era esso fragile, ed in un attimo si abbeverava tutto per modo che non rado ne cadevano naufraghi i pezzi ammollati e fragili, che si dovevano poi ripescare, o piuttosto suggere in su con fretta, già divenuti pappa. Allora il buon mio Zanotti mi si rivolgeva colle labbra non indecorosamente sporche e cogli occhi amichevolmente sereni e diceva pietoso: «Padre Roberti, ella vede le mie disgrazie: questo caro ma impertinente savoiardo ha voluto fare la zuppa, e per sé solo ha assorbito tutta la chicchera della cioccolata, la quale era data a me». La cogoma già era tuttavia bogliente e fumosa; onde acchetavansi subito le discordie nate fra un biscotto dolce e un dottore, mescendone io un'altra bibita. Egli allora incominciava a bere avendo finito di mangiare; ed allora appunto incominciavano i nostri dialoghetti. Stavami in piede attento, e quando si approssimava il liquore ai confini del fondo, lo rinforzava riempiendo novellamente la chicchera, dopo una sua breve e amabile contraddizione, con una novella aggiunta sino alla cima. Era quest'ultimo conforto appellato, giusta una frase nostra, il *contentino*. E già io per mia inviolata consuetudine non permetteva io che nessuno partisse per tal cagione scontento dalla mia camera. Il preclaro vecchio dopo l'abbondante confortamento, ricreato animato rinvigorito, spargeva vispo e lieto sali e sapori.[13]

Squisito *tableau* di amabile vita bolognese d'altri tempi, schizzo d'interno pennellato con i lievi colori della memoria commossa e nostalgica dell'esule senza colpa (scriveva da Bassano nel 1786, dopo che aveva dovuto lasciare la civilissima e colta Felsina).
La cioccolata del padre Roberti doveva essere di qualità: come *amateur* del «brun cioccolatte» (C. Bondi) non gli era ignoto anche il cacao di Soconosco, il «cacao più chiaro di ogni al-

tro»,[14] destinato alle corti. «Una volta», ricordava, «ebbi anch'io graziosamente un saggio di sei libbre di cioccolato con questo eletto cacao da un *cordon bleu*, il signor conte Jacopo Sanvitali maggiordomo della duchessa di Parma primogenita del re di Francia. In Roma Sua Altezza Reale Eminentissima il signor Cardinale di York mi fece apparire in camera trenta libbre di cioccolato ch'egli, parco mangiatore d'erbe a pranzo, beveva alla mattina».[15] È però improbabile che l'eminentissimo porporato, vegetariano principe della Chiesa, bevesse ogni mattina trenta libbre di cioccolato, come ha pur inteso qualche interprete.

Quel «nettare» messicano non mancò per molti anni alla «colezion mattutina» del conte Roberti che si trattava — lo dice lui stesso — «alla reale».

Eppure l'«indica noce» «a nobil uso e fortunato eletta», trasformata in «grata bevanda»[16] aveva destato nei primi tempi sospetti e inquietudini fra gli abitatori della vecchia Europa.

Certuni la stimarono una gelatina animale condensata e profumata mediante il vapore di certi ingredienti odoriferi. Altri la credettero una pasta composta di funghi esotici o fuchi marini. Vi furono pure taluni più perspicaci, che la vollero un estratto di erbe o scorze d'alberi aromatici dell'Indie...

Non meno discordi furono i pareri dei primi Europei che arrivarono alle coste dell'America settentrionale, sul pregio o biasimo di siffatta esotica bevanda. Altri, dopo averla gustata e sperimentata, la lodarono con eccesso riputandola un delizioso confortativo specialmente adattato al sostegno delle deboli complessioni. Altri poi, sebbene eruditi, senza degnarsi di assaggiarla, il che è ben da maravigliare, la condannarono come invenzione barbara e indegna di toccare il palato d'un Europeo. Si distinsero in questo strano giudizio due letterati di grido in quest'epoca, cioè il milanese Girolamo Benzoni, che accompagnò gli Spagnuoli nelle loro prime spedizioni, e il naturalista Giuseppe Acosta, che poco dopo visitò il Messico. Il primo nella sua storia del Nuovo Mondo impressa l'anno 1572, parlando della cioccolata, non dubitò di chiamarla beveraggio piuttosto da porci che da uomini. L'Acosta poi nella sua *Istoria morale e naturale dell'Indie* assicura che gli Spagnuoli stabiliti nel Messico amavano la cioccolata sino alla pazzia; ma che bisognava essere assuefatti a quella nera bevanda per non avere delle nausee alla semplice vista della schiuma che vi soprannuota, come la feccia d'un liquor fermentato, concludendo per ultimo che dessa non era altro che una vera superstizione dei Messicani, poiché in quei tempi le usanze e i costumi degli Americani erano per fini particolari riputati generalmente superstiziosi.

Lo spirito però sempre attivo e ingegnoso del commercio trovò in breve la maniera di dissipare tutti i pregiudizi a questo riguardo: esso introdusse con esito felice il cacao e l'uso della cioccolata in Europa. Le classi più cospicue ed i sovrani stessi sostituirono con piacere la nuova bevanda alle comuni loro colezioni...[17]

Secondo le mie osservazioni — scriveva l'abate gesuita Gioan-Ignazio Molina, Americano, membro dell'Istituto delle Scienze di Bologna — la cioccolata che comunemente si fabbrica in Italia, supera tutte le altre che si fanno altrove e nel gusto e nella salubrità. Essa è nutritiva, corrobora lo stomaco, si digerisce facilmente, ripara in breve tempo le forze esauste, fortifica il sistema nervoso, ed è propria a sostenere la cadente età senile.[18]

Cioccolato a parte, «alla reale» si trattavano anche i dottori bolognesi (Francesco Maria Zanotti, fratello di Giampietro, diresse il celebre Istituto delle Scienze) che, vaccinati dalla «mensa larga», non soffrivano delle «emicranie, dei pallori, delle indigestioni miste spezialmente con un pocolin di convulsione», sindromi tipiche delle «onorevoli malattie che, secondo Tissot, sono proprie dei letterati sedentari e contemplativi».[19] L'abate Roberti, orgogliosamente fedele alla tradizione, anche alimentare, italiana si compiaceva di sottolineare che «il popolo di Parigi è il popolo più malnutrito di ogni altro popolo europeo». E rincarava la dose aggiungendo che

la fastidiosaggine di certi francesi è tanto arrogante che, arrivati in Italia, al primo saggiare di qualche nostro piatto cotto in foggia diversa dalla usata di là delle loro alpe, benché sieno poveri uomini (come maestri di ballo o maestri di lingua) definiscono francamente che esso è un piatto detestabile.[20]

Contro i «gran palagi d'allegrezza privi, / superbi invano di dorato tetto», contro le delizie delle loro sofisticate e ricercate tavole, manifestava fastidio anche Clemente Bondi ne *L'asinata*:

Che importa a me, che con esperta mano
Gallico cuoco i cibi miei colori,
E alle vivande con ingegno strano
Nuovi insegni a mentir dolci sapori?
Che importa, che le mense a fasto insano
Sassone argilla, o sculto argento onori;
E che da mari e colli peregrini
Mandi straniera vite eletti vini?[21]

Lontano dai palazzi, nella «villa beata», un pranzo di «non molte spese» e senza «lusso», consumato «sotto albergo umile» avrebbe fatto ritrovare il perduto appetito, specialmente se nel «pastoral convito» non fosse mancata la polenta accompagnata da lodole, beccacce e beccafichi:

> Giacque lunga stagion esca abborrita
> Sol tra' villaggi inonorata e vile;
> E dalle mense nobili sbandita
> Cibo fu sol di rozza gente umile;
> Ma poi nelle città meglio condita
> Ammessa fu tra 'l popolo civile,
> E giunse alfin le delicate brame
> A stuzzicar di cavalieri e dame.[22]

Rozza vivanda che sembrava alle persone di delicata complessione e dallo stomaco compromesso una autentica medicina. «Da alcuni giorni in qua», scriveva Algarotti all'abate Bettinelli nel 1753, «mi vo rimettendo per virtù sovrana della polenta presa a digiuno, che è divenuta il mio cioccolatte».[23]

Contro la «ghiottornia francese»[24] l'italica polenta poteva erigersi come potente vaccino. E così pure i pranzi all'italiana che a Roma si offrivano in casa del cardinale Corsini:

> Le starne, le pernici, i francolini,
> I tordi che parean fatti di cera,
> I pollastri, e i piccioni tenerini
> V'erano a monti; sì come la sera
> Di carnovale ho visto dai Corsini.
> V'eran pasticci poi d'ogni maniera.
> Di vini non vi parlo: v'eran tutti,
> Dolci, abboccati, tondarelli, asciutti.[25]

Centri di tradizionalismo appena toccati dal nuovo, le sacre cucine vaticane anche nelle vigilie delle feste solenni, pur attenendosi alla tradizione del magro, destavano l'ammirazione d'osservatori esigenti come il presidente De Brosses che soggiornò diversi mesi nella Roma di Clemente XII, fra il 1739 e il 1740. Il suo occhio d'antiquario raffinato si posò a lungo sopra la cena in viola (era la vigilia di Natale del 1739 e la Chiesa mostrava i colori dell'Avvento) che il papa offrì nella sala reale del Quirinale dopo un concerto e un oratorio. Venne servita une collation splendide, qui, même au dire de l'abbé de Périgny, pourrait être appelée un bon souper. On avait dressé sur une longue table assez étroite une file de surtouts ou dormants, agréablement formés en glaces, fleurs et fruits artificiels, accompagnés de deux autres files de grosses pièces réelles ou imitées, de salades, légumes, confitures, compotes, etc; le tout n'étant quasi que pour la représentation et pour former un service permanent: c'était la collation splendide. Voici le bon souper: un grand architriclin en soutane violette, à cause de l'Avent, debout vers le haut de la table, y faisait la fonction de servir les mets, que des maîtres-d'hôtel subalternes, non moins violets que lui, posaient sur la table plat à plat, jamais qu'un à la fois. Pendant que l'on en mangeait un, il en découpait et servait un autre par portions que l'on allait présenter: cette manière de servir un grand repas est commode et sans embarras. Presque tous les plats qui ont suivi les potages étaient de très-beaux poissons de mer... J'y étais comme spectateur avec une grande foule de regardants.[26]

Mentre il dotto presidente guardava ammirato (anche la praticità del servizio poteva colpire un francese abituato a un altro ordine nelle portate) sotto i suoi occhi si svolgeva la stupefacente scena in viola dominata dall'arcitriclino in sottana, dal cenobiarca della sacra agape vaticana. Nel frattempo, il cardinale vicario «bon moine, carme bigot, vraie figure de sulpicien» attendeva devotamente a «dévorer en toute humilité un esturgeon et boire comme un templier».[27]

Fu allora che un membro del Sacro Collegio, il cardinale De Tencin, rivolto al vicario (il carmelitano Guadagni), dopo aver sogguardato il suo volto pallido, gli bisbigliò «d'un ton attendri et papelard», con melliflua ironia: «La sua Eminenza sta poco bene, e mi par che non mangia».

Il nobile borgognone-savoiardo Charles de Brosses, innamorato di Sallustio e delle antichità di Ercolano, comunemente reputato dagli amici uomo «d'une inouïe et superlative gourmandise»,[28] buon amico del cardinale Lambertini e dell'eruditissimo Passionei, prefetto della Vaticana, raffinato collezionista di manoscritti e di libri, noto non solo per la singolare libertà del suo spirito e della sua lingua ma anche per la devozione verso la buona tavola («amusement journalier qui forme un des principaux liens de la société»),[29] era un acuto osservatore sia delle «anticaglie», sia dei costumi alimentari italiani. A Roma fu così profondamente toccato da un budino assaggiato dall'oste del Monte d'Oro che, carpita la ricetta e lasciata la locanda,

144

corse a farselo preparare da un altro cuoco che glielo ammannì «d'une manière incroyable».

C'est une chose, mon ami, qui est au-dessus des tartes à la crème de Bedreddin-Hassan, qui produisent une reconnaissance si pathétique, si théâtrale dans les *Milles et une nuits*.[30]

Questo budino di sogno che gli evocava fantasie alla crema da *Mille e una notte*, lo volle incidere, da buon antiquario e lapidario, in una ricetta i cui sentori d'Oriente aprivano nuove prospettive alla fantasia del dotto presidente.

Prenez moelle de boeuf en quantité, et encore plus de mie de pain détrempée dans du lait, frangipane, cannelle et raisins de Corinthe, le tout en masse, comme un pain, cuit au pot dans un excellent bouillon, enveloppé dans une serviette fine; puis faites-le cuire une seconde fois dans une tourtière pour y faire une croûte; mangez-en beaucoup si vous avez l'estomac robuste, c'est-à-dire autant que fait ce goinfre de Sainte-Palaye, et dites que Martialot n'est qu'un fat de n'avoir pas mis ces entremets à la tête de son *Cuisinier français*. Je trouve seulement que les raisins de Corinthe y sont trop.[31]

Eccettuata la cacciagione che trovava mediocre, a Roma apprezzava soprattutto le «choses communes» che giudicava buonissime: «le pain, les fruits, la grosse viande, et surtout le boeuf, dont on ne peut dire assez de bien, et dont vous jugerez quand je vous aurai dit qu'il est aussi supérieur à celui de Paris, que celui-ci l'est à celui des petites villes de province».[32] Quanto alla frutta italiana, l'erudito francese rimase piuttosto deluso.

Il est vrai de dire que les fruits sont plus variés et pour la plupart meilleurs en France qu'en Italie, si ce ne sont les raisins, les figues et les melons, trois excellentes espèces qu'ils ont meilleures que nous. Les raisins de Bologne ne peuvent se comparer à rien. On trouve à Paris des figues et des melons d'un aussi bon goût qu'ici: mais ici ces fruits sont communs et communément bons. Je n'ai point mangé l'automne dernier, en Italie, de prunes ni de pêches qui valussent les nôtres.[33]

Ma lo storione del Tevere assaggiato in casa del cardinale Acquaviva d'Aragona, forse il più ricco prelato di Roma, che amava «le plaisir, les femmes et la bonne chère», gli parve degno di Apicio. Eccellente conoscitore e di vecchie pergamene e di fresche, guizzanti carni marine, il finissimo presidente lo trovò «d'un goût exquis, contre l'ordinaire des poissons de la Mediterranée, qui ne valent pas, à beaucoup près, ceux de l'Océan».[34]

Questo perfetto conoscitore della «scienza di saper vivere» non avvertì in Italia in nessun modo la mancanza di «certe delicatezze sociali» che secondo Pietro Verri erano di esclusiva pertinenza dei francesi, sconosciute agli italiani e specialmente a quelli «della parte meridionale»[35] della lunga, policentrica penisola. Anzi, al contrario del nobile illuminista milanese, l'amabile gentiluomo di Borgogna durante il non breve soggiorno romano svoltosi fra gli ultimi tempi del pontificato di Clemente XII e i primi mesi di quell'incantevole Benedetto XIV che, durante il conclave, andava sussurrando ai cardinali «de son ton grivois en badinant: "se volete un buon coglione, pigliatemi"»,[36] confrontando «le genre différent du faste des deux nations», trovava la liberalità italiana «infiniment plus riche, plus noble, plus agréable, plus utile, plus magnifique, et sentant mieux son air de grandeur».[37] In particolare, paragonando la smania francese di «faire une grande figure» e «d'avoir une bonne maison», limitata soprattutto al fasto conviviale, al puntiglio di «tenir une grande table» (la grande cucina, fastosa e dispendiosa, era il passaporto necessario per essere accreditati nell'alta società francese), arrivava alla conclusione che la passione tutta italiana per la magnificenza architettonica di ville e palazzi era molto più saggia del pomposo apparato dei conviti di Francia, perché era molto più intelligente scegliere di «se régaler les yeux qu'à se régaler le palais».

«L'esprit gaulois», la «goinfrerie» dei transalpini conduceva fatalmente alla dissipazione delle risorse e al primato discutibile dei «métiers de luxe»,[38] mentre l'amore per lo splendore edilizio, favorendo «les métiers de première nécessité», affidava ai posteri la memoria e la fama del proprio casato. In Francia, contrariamente alla misura e alla «vie frugale» degli italiani,

un homme riche qui représente, a force cuisiniers, force services d'entrée et d'entremets, des fruits montés d'une manière élegante (dont l'usage, par parenthèse, nous vient d'Italie); la profusion des mets doit tojours être au triple de ce qu'il en faut pour les convives. Il rassemble le plus grand nombre de gens qu'il lui est possible pour consommer ces apprêts, sans se beaucoup embarrasser s'ils sont gens ai-

mables; il lui suffit qu'on voie qu'il fait la chère du monde la plus
délicate et la mieux servie, et qu'on puisse publier que personne ne
sait mieux se faire honneur de son bien. Au milieu de cette espèce de
dépense, il vit dans un embarras journalier, sans plaisir, si ce n'est
même avec ennui: malaisé, malgré ses richesses; souvent ruiné, et à
coup sûr oublié après la digestion.[39]

Scritte dal dotto borgognone noto per essere un superlativo
ghiottone, queste parole hanno un po' l'aria d'una confessione
personale: una doverosa autoflagellazione d'un *gourmand* penti-
to (o quasi), che per sgravio penitenziale giungeva ad esclamare: «une belle colonne cannelée vaut bien une bonne gélinot-
te».[40] Innamorato delle «anticaglie» ma devoto alla «bonne
chère»[41] arrivava al sacrificio inaudito di preferire una bella co-
lonna a una «gallina regina», una pollastra di bosco molto simile alla pernice. Per il pantagruelico presidente il baratto doveva essere particolarmente doloroso. La sua opinione sulla
frugalità degli italiani non era nuova. Già il «segaligno e fred-
doloso Redi», la «mummia», aveva accennato alla «consueta
parsimonia italiana» contrapposta alla Francia, «dove gli uomini tutti sono di spiriti vivaci, brillanti, svegliatissimi ed attivissimi», «assuefatti naturalmente a nutrirsi con mano più larga», attribuendone la ragione e al clima e alla loro naturale vocazione etnica: «i popoli della Francia sono generalmente
grandissimi mangiatori». Ma il nostro parco naturalista, grande esperto di purghe e di serviziali, teorico di diete gentili e di
terapie blande, diffidente verso i «celebri dottoroni» e ancor
più nei confronti delle «misteriose» ricette degli speziali, delle
loro «decozionacce imbrogliate con una infinità di erbe di cento vescovadi, con quelle iere, con quelle benedette lassative, con
quei diacattoliconi, con quei diafiniconi...» irte di «quei nomac-
ci strepitosi e vani» («il lattovaro Litontripticone, / E 'l Dia-
triontonpipereone»), fiducioso soprattutto nella natura e nelle
acque fresche (nel ditirambo *Arianna inferma* la consorte di Bacco è divorata dalla febbre per aver seguito troppo da vicino gli
eccessi dello smodato marito), capiva e scusava l'intemperanza
francese «perché ella non è gola, ma bensì naturalezza e naturalezza tale che non è punto moderna, ma molto antica. E Sul-
pizio Severo nel *Dialogo delle virtù de' monaci orientali*, chiaramente ebbe a dire: *Voracitas in Graecia gula est, in Gallis natura*».[42] Appartenendo all'ordine della natura non era vizioso il loro esor-

bitante appetito ma una naturale cupidigia programmata dalla sapientissima Madre. Il presidente De Brosses, che non era tenuto a conoscere Redi e i suoi consulti, andava riflettendo che

les Italiens n'ont pas grand tort de se moquer à leur tour de notre genre de faste, *che tutto se ne va al cacatojo* (c'est leur expression burlesque), et qu'ils seraient fondés à taxer de vilenie nos grands seigneurs, parce que ceux-ci ne font point d'édifices publics, au moins aussi bien que nous à leur faire un pareil reproche, parce qu'ils ne donnent pas à manger.[43]

Punto di vista singolare e quasi al limite del paradosso che non corrispondeva alla realtà né teneva conto dei due tipi di civiltà, architettonica e letteraria, che le due culture avevano creato e stavano esprimendo. Pier Iacopo Martello, invece, buon conoscitore dei costumi e della *civilisation* francese, aveva analizzato negli «atti» de *Il vero parigino italiano* gli aspetti distintivi della cultura dei due Paesi polemizzando con un abate oltremontano

avido di provarmi che il miglior gusto, sì nell'arte poetica, come nella oratoria, si fosse ritirato di là da' monti nella diletta sua Francia fra le stofe e fra le parrucche, nei cupè e nelle stufiglie e sotto le cuffie, nelle quali manifatture quel regno è sovra ogni altro eccellente.[44]

I grandi palazzi nobiliari italiani che il presidente De Brosses tanto ammirava, le loro «sterminate fughe di sale» apparivano al «parigino» interlocutore di P.I. Martello un'inutile ostentazione di grandezza, lussuosi ma scomodi santuari della magnificenza, dove «per la vaghezza di godere le dipinture, gli arazzi, gli scrigni, i vasellamenti e le statue

si muor di freddo gl'inverni, se non si carica di tappeti; si muor di caldo la state, se non si rimuove fin le lenzuola dal corpo ignudo e bagnato; e perciocché con tant'aria, o gelida od infuocata, a cui l'esterna stagione comunica i suoi difetti per mezzo dell'ampie fenestre non mai custodite abbastanza, e dell'ampie e numerose porte che dai chiavistelli e dalle fessure respirano, tormenta quei poveri corpi, sia co' ribrezzi, sia colle smanie; però la mattina si alzano, per così dir, gastigati dalla loro pazza magnificenza. Queste gran macchine di palazzi, de' quali abbonda sovra di ogni altra metropoli la vostra Roma, contengono uno o più magnifici appartamenti che servono unicamente a qualche funzione poche ore dell'anno; ma nel rimanente sono dalle mosche, dalle zanzare, dai ragni e dai sorci abitati; che, se fossero animali da compiacersi delle ricchissime suppellettili, oh quanto insuperbirebbero dello spaziarsi fra i broccati, i veluti, e i dammaschi e gli ori e gli argenti, dei folli padroni ridendosi, come di gente ridotta a sfiatarsi, per salire alle cime delle gran case, dove alla fine si assidono in pochi e ristretti mezzani a vivere e a riposare.[45]

Il punto massimo della mancanza di funzionalità in questi dorati e imponenti ma scomodi palazzi-museo era costituito dalla «giacitura delle cucine»

dalle quali al luogo dove o pranza o cena il signore, le vivande impiegano un quarto d'ora di viaggio in man dei famigli, che son ben balordi se per via non le assaggiano; e giungono fredde e mal conce, o egli è d'uopo per mantenerle calde, recarle con tanto fuoco che, collocato poi sulle tavole, acciocché gli stomachi non si raffreddino, infiamman le teste de' convitati.[46]

Al contrario degli italiani, i «moderni franzesi» che «si compiacciano di comoda architettura», nelle loro «private abitazioni» erano più vicini agli antichi romani e al loro pratico senso della funzionalità. Non solo quelle dei grandi signori, ma anche le più modeste case dei mercanti erano un modello di elegante e semplice architettura. Nulla di simile che potesse paragonarsi in Italia alle delizie dei *cabinets* di Francia.

Ma tu che dici di quei gabinetti, Martello mio? Può immaginarsi da mente umana cosa più vaga e ridente di un gabinetto franzese? Pitturette, buccheri, porcellane e specchi che d'ogni intorno moltiplicano i leggiadri, ordinati e piccoli oggetti, spirano lusso e delizia. E quelle piccole libreriette sì ben cantonate e disposte nelle indorate ed inverniciate scanzie tutte abbigliate di piccoli falpalà che da un canto all'altro scorrendo, ornano, eguagliano la vista dei libri e dalla polve li salvano? La spaziosa tavola con lo scrittoio, col torchietto di forbito acciaio per soppressare le lettere; i sigilli, la carta, le penne che in ordinanza, la qual non ingombra, guarnisconla, non invitano, non violentano, ma dolcemente a ricrearsi studiando, mentre ne' giorni il sole e nelle notti la lampada di cristallo, sono alla vista di chi vi siede centuplicati da quanti specchi, e sopra e a' fianchi abilmente annicchiati e variamente configurati abbarbagliano?[47]

Una camera da pranzo francese, raccolta, tiepida, ovattata,

«di tale altezza che non riscaldi e non raffreddi le teste, di tale ampiezza che vi si possa muovere chi vi è dentro», era ben diversa da una di quelle splendide ma inabitabili sale dei palazzi italiani e in particolare romani, fossero essi «Farnese, Barberino, Borghese, Panfilio». Fatte a misura di uomini, non di semidei e d'eroi, le stanze da pranzo transalpine offrivano quelle semplici comodità che Pier Iacopo Martello ben conosceva:

voi essendo in una di sì fatte stanze, vi sarete incontrato in una maschera di bianco marmo, che fa sprizzar l'acqua dentro i bicchieri. Ecco negli angoli della stessa le invernicate ed intagliate scale per le credenze: ecco una tavola ritonda, né alta soverchiamente, né bassa, e di circonferenza adattata al bisogno della famiglia; e finalmente le sedie, disposte in giro, agili al muoversi, e più tosto comode e leggere, che ricche... Si disperderebbero in coteste coperte piazze i Franzesi...[48]

Qualche decennio più tardi, nel 1762, un altro viaggiatore cosmopolita, bolognese di qualità, il dotto medico Giovanni Lodovico Bianconi, conoscitore d'arte raffinato e protettore del giovane Winckelmann, ribadirà in una lettera da Dresda al marchese Filippo Ercolani, le profonde differenze intercorrenti fra effimero francese legato al piacere e alla gioia del momento ed eternità romana, riconoscendo tuttavia le numerose novità che la «delicatezza del buon gusto» gallico aveva introdotto sia all'interno delle case che nei giardini.

La Francia è sempre stata inclinata a cose allegre e di breve durata; così non è mirabile se appresso di lei la maestà romana dell'architettura civile ha fatto sì scarsi avanzamenti, intanto che moltissimi ne ha fatti l'interna disposizione delle case e l'eleganza de' pergolati, delle fronde e delle fontane. Vorrei che vedeste il giardino della marchesa di Pompadour, disegnato e piantato a Bellevue; e vedreste in piccolo fin dove la bella natura e la delicatezza del buon gusto possano arrivare. V'è fra le altre delizie un boschetto tutto di rose a più colori, rampicate intorno a fusti di ferro che le sostentano, ma che da esse sono coperti e nascosti; né so se possa vedersi cosa più deliziosa e più grata. Voi, passeggiando per quei bei rigiri, vi perdete in un nembo di profumi celesti che vi ristorano; e certamente più ridenti di questi e più odorosi non potevano essere i sacri viali di Gnido e di Pesto. Sorge nel mezzo, anzi in cima ad una verde pendice, un palazzino d'ottima fabbrica, ornato tutto di bei marmi, di bronzi, busti, vasi, porcellane, tappeti finissimi di Siam e della China. Di là vedete, a quattro miglia d'Italia, torreggiare l'immenso Parigi e sotto di voi serpeggiar d'ogn'intorno per una grandissima e fiorita pianura, quasi nuovo meandro, la Senna. Giudicate voi medesimo che cosa dicano delle nostre società, benché magnifiche, i Francesi, quando pieni di queste idee vengono a Roma. Possiam vantar loro la bellezza delle statue di Polignoto o de' bassorilievi d'Atenodoro e mostrare le urne e l'altre rarità della villa Albani o della Pinciana: questo non basta a rallegrarli. Ma dicano ciò che vogliono, non avrebbero ora Marlì, né Versailles, se non avessero anticamente veduto le ville di Tivoli o di Frascati; benché adesso, a guisa d'attempata matrona, abbiano le rughe della vecchiezza, e sieno vestite all'usanza di Leon decimo o di papa Giulio.[49]

In questa prospettiva di «cose allegre e di breve durata», di gioie passeggere e mobili, d'incanti e di delizie rapidamente transeunti, il gusto francese dell'intimo, proiettato sul delicato, raggiunge nel rococò la sua estenuata perfezione. Niente appare più seducente d'«un réduit écarté dans un lieu solitaire»,[50] niente invita di più alla «solitude» e all'«abandon» di un discreto e velato «hermitage». L'interiorizzazione del piacere viene distillata dalla miniaturizzazione del paesaggio e dal rimpicciolimento delle cose. L'occhio deve essere accarezzato con oggetti gradevoli, della misura giusta ma tendenti alla ben temperata leggiadria, siano un «palazzino» o un «padiglione» o una serra che riorganizza in controllati interni mondi vegetali esotici nati all'insegna del disordine nel caos primordiale della foresta, «étrangères merveilles», rare essenze addomesticate e catalogate. Tutte le cose (come i bocconi e le delizie di cucina) devono essere «approuvés par le goût» e, contemporaneamente, «charmer nos yeux».[51] Così vuole la «fraîche jeunesse», la «brillante gaieté», così vogliono i raffinati princìpi del «luxe moderne» sottomesso ai piaceri dell'occhio, alla voluttà cromatica. Davanti ai volatili, gli sguardi vengono calamitati dagli «oiseaux de parade»,[52] dall'«or pourpré du faisan», dall'«émail de la pintade». Sembra che la loro strana bellezza agisca quasi da stimolo al gusto. Tanto da far supporre che gli occhi possano diventare le antenne del piacere interno, gli assaggiatori visuali collegati con le caverne nascoste dei visceri.

Le serre — dove, al riparo dalle intemperie e violentando la logica delle stagioni, maturano, in un tempo artificiale che ignora i ritmi nascosti della natura, «fruits d'un faux été» e fioriscono «fleurs d'un faux printemps»[53] — incantavano Jacques Delille, pianificatore dello spazio verde, organizzatore della dolce matematica dei campi e dei giardini.

151

Mais j'aime à voir ces toîts, ces abris transparens
Recéler des climats les tributs différens,
Cet asyle enhardir le jasmin d'Ibérie,
La pervanche frileuse oublier sa patrie,
Et le jaune ananas par ces chaleurs trompé
Vous livrer de son fruit le trésor usurpé.[54]

Mai l'abate Roberti che (come Giuseppe Baretti) adorava i salumi dei «nostri ingegnosi pizzicagnoli» avrebbe anteposto un prosciutto di Baiona a quello di San Michele o alle spallette di San Secondo. E tanto meno lo avrebbe preferito alla mortadella bolognese.

In un consulto di professori bolognesi proposi anni fa la gran quistione: se si poteva la sera in buona legge di sanità mangiare alquante fettucce di mortadelle; ed essi, dottissimi che erano, mi risposero gravissimamente che la carne del porchetto era forse la più salutare che la carne del manzo.[55]

Non è dato sapere se il conte Pietro Verri che aveva in comune con Pier Iacopo Martello il gusto per la cioccolata «deliziosa e giovevole bevanda»,[56] includesse fra le carni «viscide e pesanti» anche quelle di maiale; ma sembra certo che la risposta bolognese alla cucina sensistica fosse diversa da quella che lui si sarebbe aspettata. P.I. Martello, anche quando si trovava a Parigi, preferiva non rinunciare «ad ingoiar[si] un piatto di macheroni imburrati col cacio compatriota alla tavola liberale, ingenua e lombarda»[57] dell'erudito conte Pighetti ambasciatore del duca di Parma presso la corte di Francia. La vecchia Felsina diffidava — e non solo per motivi letterari — di «que' nostri Franceschi» fermissimi nel voler «mantenere l'ordine e la disposizione delle vivande, dalle fragranti lor zuppe ai piramidali desserts».[58] Fedeli nel mantenere immutato il susseguirsi dei piatti nella grammatica della mensa così come la loro prosa era naturalmente ostile alla «perturbazione dell'ordine gramaticale».[59]

Città sapiente nella mediazione, anche in questo delicato momento di evoluzione del gusto, Bologna esercitò con moderata saggezza l'arte del dosaggio equilibrato fra il vecchio e il nuovo. La sua cucina «larga» di tradizione prelatizia e senatoriale, tendenzialmente conservatrice, non era forse in grado di competere adeguatamente con le raffinatezze della «credenza» piemontese settecentesca («d'una corte arbitra per noi di molte eleganze»)[60] o con quella delle corti borboniche di Parma e di Napoli. Rimproverando garbatamente all'abate Roberti l'eccessivo amore verso il prosciutto, «carnaccia salata affumicata»,[61] il conte Benvenuto Robbio di San Rafaele, letterato dell'accademia dei Filopatridi, poeta prerisorgimentale nel «poemetto» in versi sciolti *L'Italia* (1772), gentiluomo di camera di Vittorio Amedeo III, lo invitava ad assaporare ben altre delizie, a immergersi in un mare di cioccolata, biscottini, zuccherini, canestrelli, a calarsi in un fosco, denso lago profumato dalla spuma biancheggiante di zucchero, nel gorgo caldo delle delicatezze subalpine.

Io le vorrei mandare una caldaia piena di densa e ben percossa cioccolata, fatta del vero cacao di Soconosco, e avvivata dalla più maliziosa vainiglia, con sopravi a galla una feluca tessuta di canestrelli vercellesi, lastricata di biscottini di Novara o di Chieri, colle pareti incrostate a musaico di zuccherini del Mondovì. In mezzo sorgerebbe un tempietto costrutto di ciambelle, di confetti di cedro, di pesca, di cotogno, e di quante altre saporite coserelle far sogliono nei brevi loro ozii le mani innocenti delle nostre monache. La cupola di questo tempietto avrebbe per palla una di quelle nostre confettate che vengono dai monasteri astigiani; e d'ogni intorno in bell'ordine sorgerebbero in piedi varie statuine rappresentanti Febo, le Muse e il troppo e da troppi montato caval poetico; né tali statue dovrieno essere fatte di cristallo o di porcellana, ma di bianchissimo zucchero sopraffino.[62]

Zucchero bianchissimo, sfarinato dai grossi pani d'Olanda, «duro, bianco, lucido, pietroso, sonante, leggiero»,[63] più dolce e soffice dei pani di zucchero veneziani, oro bianco di confettieri, credenzieri e pasticceri. *Le siècle de la femme* impazziva per il cioccolato, celebrato in prosa e in rima, impazziva per lo zucchero che s'insinuava ovunque, nelle gole e, lavorato dalla magia della mano degli architetti-pasticceri, negli occhi; colando nei rosoli, negli sciroppi, nei sorbetti, nelle gelatine, nelle conserve, nelle confettate di frutti e di fiori, nelle arabescate volute di zucchero spongato «graziosissimo a vedere», nella policroma decorazione del dessert.

Una vellutata febbre zuccherina penetrava nei palazzi patrizi e nelle case gesuitiche. L'epopea del cioccolato e dello zucchero aveva trovato nei figli di sant'Ignazio i più devoti adoratori e i più fervidi cantori.

O zucchero, o dolcezza, o dono caro
A noi venuto da straniero loco!
Pèra chiunque o stupido, od avaro,
O zucchero vital, ti pregia poco:
Pèra chiunque altrui porgere amaro
Turco caffè si prende il tristo gioco:
Pèra chi senza te torta o pastiglia
Di fabbricare unquanco s'assottiglia.

Per te si sorbe, e tergesi la voce,
Se affiocata s'arroca e irrugginisce;
Per te la molle pesca e l'aspra noce
Di tal concia s'incrosta e si candisce,
Che crudo verno ostil lor non più nuoce
Né la lor pasta emugne e inaridisce;
Ed il verde per te pistacchio eletto
Si cangi in bianco ed immortal confetto.

Altri dalla Virginia e da Caracca,
Dalle Molucche aspetti, e dal Maccao
La canella, il garofan, la vaccacca,
E la vainiglia quasi, ed il caccao;
E quella, ch'oggi il naso cerca e bracca,
Com'Elena cercò già Menelao,
Polvere dell'Avana, o del Brasile
Odorifera, morbida, sottile.

Intanto io pregherò Nettuno Padre,
Che zuccherosa merce in sen sovente
Alla figlia di Gian, d'Adria alla madre,
Cortese guidi d'ogni oltraggio esente;
E, perché approdi ratta alle leggiadre
Itale sponde, l'urti col tridente.
Meco tai voti fan le monachelle
Ch'aman compor le ambite lor ciambelle.[64]

Ma già nel primo decennio del xix secolo questa dolcissima arte di costruire sulla polvere e d'imbalsamare l'effimero era entrata in una amara agonia. La *douceur de vivre* era stata sepolta dalla caduta del vecchio regime, la società cambiata, il gusto mutato. I paesaggi arabescati, le delicate prospettive classicheggianti, le aeree architetture zuccherine stavano passando di moda. L'occhio non si posava più sui paradisi floreali fissati nella pasta dolce, non indugiava più sopra l'emblematica glassata o sulle allegorie confettate, scivolava svagato sugli artificiosi giardini fioriti nello zucchero. Quest'arte stava spegnendosi, il delicato epos dello zucchero aveva ormai i giorni contati. Presentendo l'irrimediabile declino del pastigliaggio filato, la voce di Francesco Leonardi, artista sopravvissuto alla rovina del vecchio mondo, recitava nel 1807 il funebre elogio della credenza.

Non sono che pochi anni, che le tavole erano servite con la massima magnificenza. La *decorazione* nel *deser* ne formava il più vago e brillante ornamento, e questo il più delle volte era allusivo al soggetto per il quale s'imbandivano le più laute e delicate mense. Noi abbiamo avuto in Italia degli artisti eccellenti che non solo erano bravissimi per i lavori di tutta sorta di *confetture, biscottineria, sorbetti, gelati* ecc., ma di più forniti di talenti particolari, di un genio vasto e di una immaginazione feconda, onde condurre a fine i più belli *lavori di decorazione* rappresentanti le più grandi azioni degli uomini illustri e gli avvenimenti li più rimarchevoli della storia delle nazioni. Tempi, gruppi, ornati, stemmi, balaustre, vasi, figure ecc., nulla era trascurato di quanto il disegno, l'architettura ed il buon gusto poteva loro somministrare di meglio in sì fatti lavori. Il *parterre* poi formava i più graziosi rabeschi con i più belli o vivaci colori; ed i fiori naturali, che la natura produceva disposti ad arte e con simetria, rendevano un *deser* ameno e piacevole alla vista.
Tutti questi eleganti e sontuosi lavori non erano fatti se non con *pasta di pastigliage*; ed il *parterre sablé* con le arene le più sopraffine di diversi e degradati colori [arene colorate negli ultimi anni, ma — ricordava F. Leonardi — non è gran tempo che s'impiegava il zucchero in pani d'Olanda granito per *sabler* il *deser*, il quale si coloriva con diversi e vari colori. Ma siccome questo metodo era difettoso a motivo che le mosche, non solo rovinavano in pochissimo tempo i più belli ed eleganti lavori di disegno, ma ancora perché questi insetti incomodavano non poco i convitati. Si pensò dunque di sostituire qualche altra cosa al zucchero, che ne esercitasse le funzioni, e si trovò che il marmo bianco calcinato e ridotto in grana finissima era ottimo per supplire a questa indicazione].[65] Ma tutto ciò, non so per qual ragione, ora più non si costuma, forse perché gli uomini disposti sempre ai cambiamenti di tutto ciò che li riguarda in materia di gusto, hanno creduto che un servizio più semplice fosse più analogo al loro sistema filosofico. Il *deser* presentemente non è composto che di alcuni *plateaux* coperti di specchi, qualche gruppo e figurina di porcellana, qualche vasetto con fiori, e tutto è fatto.[66]
Io spero peraltro, che chiuso che sarà una volta il Tempio di Giano, e che gli uomini opulenti torneranno a gustare le *delizie* della *tavola*, non solo le bellezze passate torneranno a comparire sulle delicate e magnifiche mense, ma di più spingeranno più oltre il buon gusto, la delicatezza, la decorazione e la sontuosità, in una parte che forma le

delizie della società, e che fa dimenticare all'uomo per qualche poco le vicende di sua vita.[67]

Il grande credenziere s'ingannava. Quando, dopo i roventi anni napoleonici il tempio di Giano venne temporaneamente chiuso, il ritorno ai fasti d'*ancien régime* rimase un sogno di vecchi artisti e di nostalgici aristocratici. Il «buon gusto», il disegno, l'architettura, la «viva e felice immaginazione» della società settecentesca non rinacquero né sulle tavole della Restaurazione, né nella grigia cucina dell'età romantica. I favolosi anni '80 si dileguarono anche nel ricordo: l'età dello zucchero e i capolavori dell'ingegneria credenziera erano stati per sempre sepolti.

NOTE

1 Jean-Baptiste Labat, *La comédie ecclésiastique. Voyage en Espagne et en Italie*, Paris, B. Grasset, 1927, p. 133.

2 Giovambatista Roberti, *Lettera al Nobil Signore Jacopo Vittorelli*, in *Raccolta di varie operette dell'abate conte G.R.*, cit., t. IV, p. XXXIV.

3 *Ibid.*, pp. XXXII-XXXIII.

4 Francesco Leonardi, *Gianina ossia La Cuciniera delle Alpi*, Roma 1817, t. I, p. 96.

5 *Ibid.*

6 A. Bassani - G. Roversi, *Eminenza, il pranzo è servito. Le ricette di Alberto Alvisi cuoco del card. Chiaramonti vescovo di Imola (1785-1800)*, prefazione di P. Camporesi, Bologna, Aniballi, 1984, p. 175.

7 *Carteggio di Pietro e di Alessandro Verri*, cit., vol. V, p. 65.

8 *Ibid.*, pp. 100-01.

9 Pier Jacopo Martello, *Lo starnuto di Ercole*, in *Seguito del teatro italiano di P. J. M.*, parte ultima, Bologna, Lelio della Volpe, 1723, p. 247.

10 *Il vero parigino italiano*, ibid., p. 318.

11 *Lettera del cav. Benvenuto Robbio Conte di S. Rafaele al padre Giovambatista Roberti*, in *Scelta di lettere erudite*, cit., p. 204.

12 G. Roberti, *Lettera sulla semplicità elegante*, in *Scelta di lettere erudite*, cit., p. 100.

13 *Risposta del padre Giovambatista Roberti al Conte di S. Rafaele*, in *Scelta di lettere erudite*, cit., pp. 222-24.

14 *Ibid.*, p. 220.

15 *Ibid.*, pp. 220-21.

16 Clemente Bondi, *Il cioccolato*, in *Poemetti e rime varie*, Venezia, Gaspare Storti, 1778, p. 122.

17 Gioan-Ignazio Molina, Americano, *Sul cacao*, in *Memorie di storia naturale lette in Bologna nelle adunanze dell'Istituto*, Bologna, Tipografia Marsigli, 1821, parte II, pp. 197-99.

18 *Ibid.*, p. 211.

19 G. Roberti, *Risposta del padre G.R. al Conte di S. Rafaele*, in *Scelta di lettere* · *erudite*, cit., p. 219.

20 G. Roberti, *Lettera ad un vecchio e ricco Signore feudatario sopra il lusso del secolo XVIII*, in *Lettere erudite*, cit., pp. 123-24.

21 C. Bondi, *La giornata villereccia*, in *Poemetti e rime varie*, cit., canto II, ott. II, p. 63.

22 *Ibid.*, canto II, ott. XX, p. 68.

23 *Opere del conte Algarotti*, cit., vol. XIV, p. 88.

24 Niccolò Carteromaco [Forteguerri], *Ricciardetto*, cit., t. II, p. 208.

25 *Ibid.*

26 *Le Président de Brosses en Italie. Lettres familières écrites d'Italie en 1739 et 1740 par Charles de Brosses*, Deuxième édition authentique, Paris, Didier, 1858, t. II, pp. 168-69.

27 *Ibid.*, p. 169.

28 *Ibid.*, t. II, p. 22.

29 *Ibid.*

30 *Ibid.*, t. II, p. 14.

31 *Ibid.*, pp. 14-15.

32 *Ibid.*, pp. 84-85.

33 *Ibid.*, p. 86.

34 *Ibid.*, p. 228.

35 *Carteggio di Pietro e di Alessandro Verri*, cit., vol. VI, p. 1.

36 *Le Président de Brosses en Italie. Lettres familières...*, cit., t. II, p. 439.

37 *Ibid.*, t. II, p. 20.

38 *Ibid.*, p. 21.

39 *Ibid.*, pp. 20-21.

40 *Ibid.*, p. 21.

41 *Ibid.*, p. 22.

42 *Consulti e opuscoli minori*, scelti e annotati da C. Livi, Firenze, Le Monnier, 1863. Anche le altre citazioni rediane sono tolte dai *Consulti*, rispettivamente a p. 196, 186, 182. I due versi appaiono nel ditirambo *Arianna inferma*.

43 *Le Président de Brosses en Italie. Lettres familières...*, cit., t. II, p. 22.

44 P.J. Martello, *Il vero parigino italiano*, cit., p. 298.

45 *Ibid.*, pp. 312-13.

46 *Ibid.*, p. 313.

47 *Ibid.*, pp. 314-315.

48 *Ibid.*, p. 315. Conserviamo la lezione «si disperderebbero» preferendola a «si dispererebbero» proposta da Hannibal S. Noce nell'edizione de *Il vero parigino italiano* pubblicato in *Scritti critici e satirici* di P.J. Martello, Bari, Laterza, 1963, p. 339.

49 Giovanni Lodovico Bianconi, *Lettere sopra alcune particolarità della Baviera ed altri paesi della Germania*, in *Letterati memorialisti e viaggiatori del Settecento*, a cura di E. Bonora, Milano-Napoli, Ricciardi, 1951, p. 924.

50 Jacques Delille, *Les jardins, ou l'art d'embellir les paysages*, Paris, Valade, 1782, p. 94.

51 *Ibid.*

52 *Ibid.*, p. 92.

53 *Ibid.*, p. 93.

54 *Ibid.*

55 *Risposta del padre Giovambatista Roberti al Conte di S. Rafaele*, in *Scelta di lettere erudite*, cit., p. 219.

56 P.J. Martello, *Il vero parigino italiano*, cit., p. 318.

57 P.J. Martello, Lettera a Ubertino Lando, patrizio piacentino, premessa a *Lo starnuto di Ercole*, cit., p. 245.

58 *Ibid.*, p. 247.

59 P.J. Martello, *Il vero parigino italiano*, cit., p. 325.

60 *Risposta del padre Giovambatista Roberti al Conte di S. Rafaele*, in *Scelta di lettere erudite*, cit., p. 217.

61 *Lettera del cav. Benvenuto Robbio Conte di S. Rafaele al padre Giovambatista Roberti*, in *Scelta di lettere erudite*, cit., p. 20.

62 *Ibid.*, p. 209.

63 F. Leonardi, *Apicio moderno*, cit., t. I, p. 186.

64 G. Roberti, *Le fragole*, in *Raccolta di varie operette del padre G.R.*, cit., t. I, canto II, ott. XXII-XXV, pp. 54-55.

65 F. Leonardi, *Apicio moderno*, cit., t. II, p. 137.

66 *Ibid.*, pp. 130-31.

67 *Ibid.*, pp. 131-32.

INDICI

163

INDICE GENERALE

Finito di stampare
il 10 gennaio 1990
dalla Garzanti Editore s.p.a.
Milano
─────────
59817